21世紀の日本と宗教

第三文明社・編

第三文明社

発刊に寄せて

本書は、創価学会青年部が、昨年（一九九九年）十一月から本年（二〇〇〇年）三月までに開催してきた連続講座の内容をまとめたものです。講座を主催した創価学会青年部の了承をいただき、また、講座を担当された諸先生がたの承諾を得て、このたび当社で一書にまとめ発刊させていただくことになったものです。

連続講座は「二十一世紀の社会と宗教」と題して行われましたが、一冊にまとめ上梓《じょうし》するにあたって、実際に語られた内容を考慮して、「社会」を「日本」と置き換え、書名を「21世紀の日本と宗教」とさせていただいたことをはじめにお断りしておきます。

「宗教」という言葉に、読者は何をイメージするでしょうか。新しい世紀を目前にした日本。ここに生きる人々のどれだけの人が、宗教に積極的なイメージを持っているでしょょうか。一九九五年に起こった、いわゆるオウム問題を契機として、国内では〝活発な宗教運動〟に対する警戒心が高まっています。その後も、宗教団体と称する団体が関係した常軌《じょうき》を逸《いっ》した事件や詐欺《さぎ》などが、残念なことですが、後を絶ちません。そうした反社会的な行為は、断じて許されるものではありません。

しかし、他方で見逃すことができないのは、こうした問題の背景には、その宗教に何かを求め、実際に〈信者〉として従っていった人々がいたという事実です。その多くは、今の日本で生きていくうえで、何らかの行き詰まりを感じ、何らかの変化や解決を求めて〈信者〉となった人たちです。

本来、宗教は人間の根源苦としての生老病死をはじめさまざまな問題に苦悩する個人を救済し、社会の繁栄と世界の平和に貢献するものでなければなりません。それはまた、二十一世紀の日本と世界に対する宗教者の責務であるとも言えるでしょう。その意味で、国民の一人ひとりが、宗教の浅深・正邪を鋭く見抜いていく賢明な判断力を培《つちか》っていかなければならないとも言えるでしょう。

戦後五十年を節として一気に噴出《ふんしゅつ》したかのように見える一連の事件は、戦後の日本社会が失ってきた〝何か〟を逆照射《ぎゃくしょうしゃ》しているとは言えないでしょうか。

連続講座を企画し主催した創価学会青年部の意図は、そのような時代状況を見つめ、二十一世紀の日本はどうあるべきかを考えるというところにありました。この〈時代からの挑戦〉に、私たちはどのように果敢に応戦し、生きていったらいいのでしょうか。

宗教は、単に精神世界の問題にとどまるのではなく、現実の生活や社会に根ざした〈行動〉によって、新しい価値を創造していくものです。そのような宗教こそ真実の宗教と言えるでしょう。

したがって、連続講座の内容も、「平和と宗教」「文化と宗教」「政治と宗教」など、今、眼前にある諸問題に、現在を生きる私たちがいかに関わっていったらよいかを模索《もさく》する内容となっています。編集にあたっては、それぞれの講座の内容を考慮して、大きく分けて三部構成とさせていただきました。

本書は、青年たちを対象として語られた講座をまとめたものですが、青年たちのみならず幅広く世代を超えて多くの読者に読んでいただきたい書です。講師の方々の長年にわたる研究に裏打ちされた時代を見据える慧眼《けいがん》に、また自ら人権問題や平和運動に深くコミットしながら築きあげてきた鋭い論説に、読者は数えきれないほどの示唆《しさ》を与えられることと思います。

本書の第一部に「政治と宗教」についての論考が収めれていますので、詳述は避けますが、憲法上の〈政教分離の原則〉に照らしても、民主主義の理想に照らしても、宗教者や宗教団体が政治に関わっていくことには何ら問題がないことは明白です。むしろ、積極的な意味で民主主義への貢献であると言えるでしょう。

かつてガンジーは、「理念なき政治は罪悪である」「宗教なき政治は〈死体〉のようなものである」と言い、「宗教の欠如《けつじょ》した政治は、国家の首を吊《つ》るロープであります。いつの場合も、政治は宗教の説く真理の道に従って進むべきであり、一方、政治を忌《い》み嫌《きら》う宗教は宗教の名にさえ値《あたい》しないものです」(『バープー物語』)と喝破しました。

本年、創価学会は創立七十周年を迎えます。その歴史の一つの側面は、「信教の自由」を守る戦いでもあったといえるでしょう。戦時中、日本の軍部権力の圧力に対して、宗教的信念に基づいて徹底して戦ったのが創価学会でした。そして、戦後は誤解《ごかい》や偏見《へんけん》を、自らの実践と実証をもって共感へと転じてきたのが、創価学会です。

今私たちが直面している問題は山積《さんせき》しています。もしも有効な取り組みがなされなければ、日本の破綻《はたん》につながりかねない課題も多くあります。本書は、平和・文化・教育の問題に取り組んでいる人々にとって、必ずや多くの有益な示唆を与えることでしょう。

刊行にあたり、収録を快く承諾してくださった講師の方々に、編集部として心より感謝申しあげます。また、本書が読者にとって、二十一世紀の日本と宗教を考える契機となり、一助となれば、編集部として、これに過ぎる喜びはありません。

平成十二年五月

第三文明社編集部

21世紀の日本と宗教／もくじ

Ⅲ

I

●連続講座I——①

転換期の日本政治を考える

河合秀和

河合秀和（かわい・ひでかず）
学習院大学教授、比較政治担当。一九三三年生まれ。東京大学法学部卒。同大学院終了。著書に『政党と階級』『比較政治・入門』等。他に訳書『バーリン著作集』等多数。

戦後日本政治の特徴

私の勤めています学習院大学に、つい、この前から、アメリカ人の政治学者が留学にきています。その人に、私は本日、ここにくる前、「戦後の日本政治の特徴は何か」と、突然、聞かれました。

私は、その質問に対して、一九五五年一月に、講和問題をめぐって右派と左派に分裂していた社会党が統一し、その年の末には自由党と民主党が統一し、五五年体制なるものが成立したが、それ以来、ほとんどの期間にわたって、自由民主党が政権についている。これが、戦後の日本政治の特徴であると申しました。

もちろん、ご承知のように、一九九三年七月に自民党は、三十八年ぶりに政権を離れました。それから十一カ月後の九四年六月には、少数党の社会党の委員長を首相にかつぎ上げて、自民・社会・さきがけの連立政権をつくった。そして、その連立が壊れ、今日に至り、本年の初めには自自の連立が成立し、夏以降、公明党が加わって、自自公連立ということになっているわけです。

これは世界的に見て、奇怪な現象です。というのも、与党から野党への明確な政権交代が、これほど長期にわたって行われないというのは、非常にまれであるからです。

「鉄の三角関係」という構造

なぜ、自民党の一党支配が続き、野党によるダイナミックな政権交代が行われないのか。この背景には、政・財・官の「鉄の三角関係」と言われる構造に、有権者も加わって、野党が躍進しにくい体制ができ上がっているからと言えます。

選挙になると、テレビや新聞では、政治家や政治評論家が現れて、大所高所に立った政策論が展開されます。しかし、日本の選挙の場合、実際に選挙区で票を集めている人たちは、政策論で票を集めてはいません。大多数の選挙区では、候補者あるいは、その親族が、戸別訪問して、義理・人情で〝一票入れてください〟という選挙が行われている。

そして、当選した議員は、中央と地方のパイプ役になって、政府から、できるだけ多くのお金を取ってくる。それと同時に、後援会を組織して、地道な世話役活動をして有権者の支持をつなぎとめる。そういう中で、地元の選挙区では、政策は議論されません。むしろ、へたに議論なんてしようものなら、生意気だということで票にならないのです。

政治家は、そうやってつくった自分の地盤を、毎日せっせと手入れし、確保して、次の選挙に備えるということが、仕事になっています。ですから、一番大事な〝政策を考える〟という仕事は、役人任せになっています。

「政権交代」が不可能なシステム

こうして、政界、官界、有権者、それに財界がからんで、いったん、この関係ができ上がってくると、野党が政権を取るということは、事実上、不可能になります。中央政権とのパイプ役であることが、国会議員の役割であるとすれば、政治の在り方を変えていくということを主張する人々が当選する可能性は、非常に少なくなってきます。と同時に、明確な政党間の政権交代が起こるということもない。

五五年体制が始まったとき、政権交代が可能な野党として、社会党への期待は大きかった。社会党は社会党で、自民党と戦っているという気迫を持っていました。しかし、例えば官公労の賃上げを、国鉄労働者の処遇を、というようなことになって、何かお土産をもらうと成果を上げたということで、そこで満足してしまった。結果的には、野党第一党でありながら、自民党政権のいわゆる補完勢力になっていくということになったわけです。

新しき時代の潮流

しかし、私は、このような五五年体制といわれる自民党一党支配の基盤は、もう既に、崩れてきていると思っています。というのも、政・官・財、有権者の関係が成立していた前提の一つには、高度成長があります。増税しなくても税収は増えていく。ときには減税もできるというぐらい、十分にお金があって、そのお金を、例えば社会党に、いくらか回せば、社会党もおとなしくなる、ということになるわけです。

しかし、高度成長は今や、とうの昔のこととなり、一九九二年のバブル崩壊以後、日本では不況がくるのが遅かった分、それだけに非常に深く、かつ深刻な事態に陥っています。これまでのように、お金をばらまくことは、できなくなってきているのです。

そして、第二の前提としては、これまで日本では「中央の従属機関」とされてきた地方自治体というものの意味が、大きく変わってきました。

これまでの地方自治体の仕事は、国会議員の仕事と同じように、中央からお金を引いてくるということでした。それはそれで、恩恵をもたらしたに違いありませんが、土木、建設中心の公共事業ばかりで、地方自治体の財政は極めて悪化しています。

今日でも、不況対策というと、〝公共投資を増やそう〟と、土建と建設事業、箱もの作りということになりますが、これをやると、地方自治体の赤字は、もっと増えていくことになります。ある意味で、中央政府の不況対策は、地方自治体の犠牲の上において行われているとさえ言ってよい。これに対して、地方自治体の中にも、さまざまな反発や、新しい動きがでてきている。

また、高齢化社会を迎え、介護問題が非常に深刻となっていますが、介護福祉は中央政府の集める国税だけでは実施することができないのです。だから、受益者が一部を負担するという保険制度にしなくてはいけない。しかも、その保険制度は、地方自治体が運営するということになっている。つまり、中央の財政が、ますます行き詰まる中で、地方自治に大きな期待がかかっている。

地方自治体の中には、主体性に欠ける自治体もあります。しかし、国家の機関委任事務を離れて、地方の要求に対してきめ細かく応えられるような地方自治が必要である、という意識は、生まれてきております。ましてや、地方の問題は地方で決めようという住民投票が行われるような時代に入りました。これまでは、中央から税金が回ってくれば、それで地方自治は成り立っていたわけです。

〝価値の多元化〟という流れ

ところが、いわゆる〝価値の多元化〟というものが始まりました。人々は、自分の職場以外の、いろいろなことに関心を持つようになりました。まず環境の問題。そして子供の教育、老人介護の問題が現れてきた。そのほか、さまざまな問題が噴出し、NGO（非政府組織）、NPO（非営利組織）と言われるようなボランティア団体、市民団体が現れてきた。このような時代の流れにあって、どうして、中央官庁主導、自民党一党支配の政治が続くはずがありましょうか。

こうして、これまでの高度成長がだめになり、地方自治体の自主性が高まり、その中で、これまで通りの地方と中央のパイプ役としての議員のあり方が、変わらざるを得なくなってきた。つまり、政治・官僚・財界・有権者の関係も、既に崩れつつあるのです。そして自民党も、得票数は減り続けており、単独での過半数は、とても取れなくなってきた。どこかと連立せざるを得ないのであります。

過渡期としての「連立時代」

私は、一九九六年の自社さ連立政権の発足を、「九六年体制の始まり」と位置付けております。いわゆる「五五年体制」――すなわち自民党一党支配の時代に変わって、自民党が他党と連立を組むことによって政権を維持する、「多党連立時代」が始まったと見ております。

今、日本の政治は激動の転換期を迎えたと言えます。この大きな潮流の中で、自自公連立政権は誕生しました。これは、自社さ連立政権より、はるかに重い意味をもつ、いわば「大連立」です。何しろ、衆、参で過半数を優に超える議席を持つ、圧倒的勢力を有する巨大与党の誕生です。賛否両論さまざまでありますが、私は、この「大連立」政権が、日本という国を、いかなる方向へ引っ張っていくのか、固唾《かたず》を飲んで見守っております。

「国民寄り」の政治へ

それはともかく、自自公連立政権ができた時、公明党の政権参加に対して、やれ変節だ、無原則な妥協だ、というようなことが、よく言われました。確かに公明党は、昨年七月の参議院選挙では、野党に軸足を置くと言っていた。また、今年一月の時点でも、変わらなかった。ところが夏には、いわゆる自自公路線が明らかになってきた。一大転換であります。

しかし、公明党の政権参加それ自体をもって、「公明党は変節した」「権力に迎合した」と見るのは、あまりに表面的な、見当はずれな見方だと思います。

今は、日本政治の一大転換期であります。転換期には、一見変節のように見えることが多々起こってきて、それが時代を変える梃子《てこ》になることも十分にあり得ます。また、権力を、その内側から「国民寄り」に変えようとしていると見ることもできるからです。公明党の政権参加、それ自体を批判するより、政権に参加した公明党が、今後、どのような政治を行うかをこそ、見定めなければならない。公明党が変節したかどうかの評価は、そのあとにすべきであります。

「庶民の視点に立つ」姿勢に期待

ところで、自自公連立政権の、決して見落としてはならない意義は、実は、これは「五五年体制」下の革新側のお荷物を下ろす役割を果たしたことなのです。

もう少し詳しく申しますと、一九九四年六月、社会党の村山委員長を無理やり首相に担いだ政権ができた時、社会党は、首相を出しているのだから仕方がないということで、「日米安保、自衛隊反対」という、一貫した自党の基本原則を撤回しました。このときに、日本の政治は大きく動き始めたのです。

しかし、このとき、中途半端に、決着がつけられないままに残された、さまざまな問題があった。そうした、社会党がいるから決着できなかった問題群を、その後、自自公政権ができてから、一挙に処理してきたという経緯があります。

日米ガイドラインの問題が、そうでしょう。これは、日本がアメリカとの同盟体制を維持している以上、事実上、日米間で合意されていることであり、したがって、日本国民が本当に安心できる安全保障政策とは何であるかということは、徹底的に討論すべきことであった。しかし、社会党が与党にいる間にはできなかったので、自自公政権で決着をつけようということになった。

通信傍受法というのは、このごろの若者でしたら、まったく意味がない法律のように思うでしょう。携帯電話とインターネットを駆使する若者から見れば、通常の電話の傍受をやったところで、犯罪防止の役には立たないだろうとなるわけです。しかし、これまでの積み残しですから、やるということになった。

こうしたことは、国旗・国家法も同様でした。

ともあれ、公明党の政権参加によって実現した、「自自公連立政権」という巨大与党は、これまで未解決にされてきた問題に、次々と決着をつけていることは確かである。

そこで公明党に期待するのは、まずは、結党以来の「庶民の視点に立つ姿勢」は断固、堅持してほしいということです。国家主義の傾向、悪しき憲法改正に対しては、そのブレーキとなってほしい。

その上で、新しい「政権構想を打ち出す力」を期待したい。私は、現在の自自公連立政権が、このままの形で長く続くとは考えていません。これは、転換期の過渡的な形態であり、更なる政界再編への突破口を開く役割を持った政権であると思うからです。

政治的無力感を、どう克服するか

ところで、自自公連立政権が発足して以来、国民の間に政治的無力感が強まっている現実があります。選挙においては、年々、その力を弱めている自民党が、国会内の駆け引きでは、かつてないほど巨大な力を持ってしまったのだから、国民の側にしてみれば、「自分の一票とは関係ないところで、政治が動いている」という印象を受けるのも、やむを得ないのです。

そもそもこれは、激動する連立時代によるところが大きい。やれ変節だ、野合だ、というような話が頻繁に出てくる。実際に、〝自社さ〟時代に、ある野合ぶりに対して、大政翼賛会だと言って批判していた野中氏が、のちに官房長官になって、自自公連立の舞台回しをやったようですが、こういう話を聞いていると「政治家の言うことは、どうも信用できない」「政治には節操など必要なさそうである」というような、政治に対する絶望感、無関心が若者の間に広がってきている。

学校では、日本は民主主義の国である、国民主権の国である、と教わっていますが、世論調査などを見ますと例えば、三十五歳までの若者については八〇％が、我々の一票では政治は動かせない、さらに言えば、我々は国民主権を担っていない、という答えが出てくるわけです。

これは非常に大きな矛盾であります。国民の多くが、特に、将来を背負う若者が、日本は民主的でない、国民主権は空洞化している、と感じているのにもかかわらず、民主的であるという建前は依然として堅持しているわけです。

海外における選挙制度

この、若者の政治的無力感の原因を、さらに突っ込んで考えてみると、これは日本の選挙制度によっているところも多いと思います。

イギリスで、今度の総選挙に、あなたはだれに投票するかと聞くと、「私はだれにというふうには考えていない、私の支持政党の候補者に投票する」と返事が返ってきます。イギリスの場合、候補者は各選挙区の党組織が選びます。やり方は、ほとんどの選挙区によって違いますが、少ない場合には三十人ばかりの党のお偉方が選ぶ。多い場合には全党員が集まって選ぶ。ブレア政権ではEメールで投票するといったこともありました。要するに、候補者を自分たちが選んで、自分たちが候補者を前面に立てて、その選挙を戦うということになるわけです。

また来年、アメリカ大統領選挙が始まりますが、大統領選挙で民主党、共和党と二つの政党が、だれを大統領候補、副大統領候補にするかについては、もう選挙運動が始まっています。これは予備選挙と申しますが、この予備選挙が延々六、七カ月かけて、七月、八月に終わる。そこで民主党、共和党それぞれの、アメリカ合衆国の大統領候補、副大統領候補が決まり、秋から本物の選挙運動が始まって、十一月七日に投票、ということになるわけです。だから本物の選挙の前に党の候補者を選ぶということが重要なプロセスになっているわけです。

立候補者を自ら選べない制度

ところが日本の場合、どの選挙区を見ても、立候補者を有権者自らが選ぶということは、行われておりません。これが政治に対する無関心、無力感を増大させる、日本政治上の一つの重要な問題であります。

また、アメリカの大統領選挙はもちろんでありますが、イギリスでも、各選挙区での唯一と言ってもいい関心事は、だれを首相にするか——つまり、どちらの党の党首を首相にするかということです。

そして、こうして選ばれた首相というのは、自分が直接に、国民に対して責任を負っている、ということを、意識せざるを得ません。また、国民に代わって「首相は、公約を実行していないではないか」と問いただすのは、野党の党首です。イギリスの議会は、そもそも、そういう討論をするためにできあがっている。

翻って日本の場合は、選挙区のレベルで多数を取った人が議員になり、その議員が党の派閥に入り、派閥の間の力関係、合従連衡《がっしょうれんこう》によって首相が選ばれていくわけです。その間、何度も多数決が行われます。多数決というのは、何度も行っていると少数決になってしまいます。そして結局は、首相が国民に対して直接責任を負うようなシステムでなくなってしまう。これが二つ目の問題点であります。

今後の日本政治が向かうべき道とは

さて、その上で日本の政治は、これから、どのような方向へと進んでいくのでしょうか。滞貨《たいか》一掃の側面から見ると、日本は日米安保を堅持し、タカ派的になり、国内的には通信傍受法や国旗・国家法の成立に見られるように、国家主義的な統制を強めていくのではないか、という予感を感じたりします。

しかし、もう一方で、例えば情報公開法が成立し、地方自治体の場では、それが活発に使われるようになり、あるいは国会の運営についても、「クエスチョン・タイム」なるものが導入されたりしている。そうして〝政治の透明性を高めよう〟〝国会活性化の切り札にしよう〟という流れになっております。また、政府委員、役人の答弁は許さない、という試みが始まっています。

英国の「クエスチョン・タイム」

ここで、参考までに、イギリスにおける「クエスチョン・タイム」について、触れておきたいと思います。イギリスでは、政治そのものが討論の場です。与党の席と、野党の席が、ベンチになっていて、向かい合って座ることになっています。例えば、平の議員が先頭に立って質問をした場合、野党の党首が、それを受けて立って、政府に対する猛烈な攻撃をやるわけです。「野党」というのは、英語で「オポジション」と言いますが、反対党という意味で、政府に対して反対することが野党の義務である。

反対したところで、野党である以上、聞き入れられるわけではない。しかし、それでも激しく討論するのは、そのことによって、今の政治において、一体、何が問題になっているか、ということを世論に対して教えられる。国民に対して、教育をすることができるからです。

また野党は、猛烈に批判を加えることによって、次の総選挙で、政権交代を実現する流れを作っていこうとする。ですから、議会の中の討論というのは、単なるおしゃべりではない。完全なる権力闘争の一部なのです。

毎日の国会内でのやり取りは、テレビによって中継されています。この大変、騒々しい光景をテレビ中継したら、国民はがっかりするのではないか、という反対意見もあったほどです。しかし、今のイギリス国民は、くだらない揚げ足取りのための質問もたくさんあるけれども、全体としては、面白くて、ためになる、という具合に評価しています。大物の政治家が、討論でやられる、というのは、見ていて面白いものです。相撲で横綱が負かされると面白い、というのと相通ずるところがある。

政治には〝緊張〟が必要

もし、この〝面白いこと〟を通じて、政権交代が起こり、政治がよくなっていくならば、それこそためになる。私は、そうした方向に日本の政治が進むことが、いいのではないかと思っています。

政治というものには、緊張が必要です。与野党が対立するということは、非常に必要なことです。日本の場合、五五年体制のような、与野党の対立が骨抜きにされるようなシステムが続きました。その結果、自民党は政権を私物化し、腐敗していった。有権者の、無関心、無力感も増大していくばかりであった。このようなシステムでは、もはや、やっていくことはできないという状況の中で、政府そのものが「クエスチョン・タイム」を導入し、情報公開法を導入し、与野党対決の政権交代可能な政治を方向づけているように思います。

民主主義を成熟させるために

さて、欧米では八〇年代に、保守優位が強まり、「もう野党勢力は存在し得ないのではないか」とさえ言われた時期があった。実際、イタリアのように、オール与党の政治になっていた国もあった。しかし、そのイタリアで、九六年に左翼民主党のプロディ政権が誕生し、九七年には、イギリスで長年の保守党支配を打ち破って、労働党のブレア政権が誕生した。昨年九月には、ドイツでも社会民主党が久々に政権に復帰した。

私は、いくつかの国については現地に赴き、政権交代前後の熱気を、肌で感じました。新しい時代が始まるという期待感が、市民の間にみなぎっていた。「国民の側に、こうした政治への期待感があってこそ、民主主義は成熟していくのだ」としみじみ感じたものであります。

「首相選び」型の政治

この二十世紀の最後の十年、世界の国々で起こっている新しい方向を、別の観点から言うならば、私は仮に「首相選び」と呼んでおります。

先ほど取り上げた、イタリアのプロディは、自分を支持し、立候補者に選んでくれる人々に会うために、自らおんぼろバスに乗って全国を回り、そうした草の根の運動をつくり上げていった。九七年、一昨年の五月にイギリスではブレアが、六月にフランスでは社会党のジョスパンが、そして今年の九月には社民党のシュレイダーが、ドイツで首相になりました。有権者の意識の中では次の首相をだれにするかというのが非常に大きく浮かび上がっています。政党や政策は、二の次になってきています。

例えば細川氏の場合のように、首相になれば、政党や政策は後からついてくる、といったような、極端な場合も起こってくるでしょう。実際に、こうして首相に責任が集中し、首相の責任を問うという体制ができあがらざるを得ない、そうしなければもたないという方向にきていると思います。

既に見られる確かな変化

実際に日本で、そういう話をすると、夢物語を言っているのではないか、学者や評論家の理想論だ、というように思われるかもしれません。ですが実際に、そのような方向へと政治は進んでいます。

九六年の衆院選は、「首相を橋本龍太郎にするか、小沢一郎にするか」という選挙になっていたはずだった。しかし、そうはならなかった。その理由と言えば、マスコミも自民党も、当時はまだ、不況の深刻さを理解しておらず、小沢氏が打ち出した大胆な「十八兆円減税」という構想を笑い飛ばしてしまい、国民的な論点にしなかったからであります。

昨夏の参院選では、「次の首相は橋本か、菅直人か」という論調が、マスコミをにぎわせるまでになった。そして、負けた橋本氏は、衆議院で多数があるにもかかわらず、辞任に追い込まれるということになりました。残念ながら、首相選びの段階では、従来通り、自民党の枠の中だけで行われ、小渕氏が首相になったのは周知のことです。

「国政を動かす」実感

そして、次期衆院選ですが、今回の大連立が、与党連合と野党連合の対決軸を鮮明にし、おそらく実質的には、「首相を選ぶ」選挙になるでしょう。

これは画期的なことです。「自分の一票が国政を動かす」という確かな実感が、政治的無力感を打ち消していくことになるだろうと思うからです。

ところで、この「首相選び」を制度的に考えた場合、「首相公選制」を主張する人は多くおります。「首相公選制」を導入するには、憲法の改正など、難しい問題が絡んできますので、実現は、なかなか難しい。しかし私は、「首相公選制」とまではならなくても、「首相選び」の政治にはなると思っております。

「競争」が政治家を淘汰

日本は二重の政治をやっています。国会では議院内閣制、地方自治体では大統領制を取っているわけです。けれども私は、議員の中から、首相や大臣が選ばれていくほうがいいと思っています。というのは、「クエスチョン・タイム」の中で、首相や大臣たちが質問にもまれ、そして、政治家が、一般の議員が、質問を通じて頭角を現していき、お互いに競争しながら、これが優れた政治家であるということが分かっていくような政治のほうがいいのではないでしょうか。

●連続講座Ⅰ―②

憲法と宗教――宗教者の政治参加について

竹内重年

竹内重年（たけうち・しげとし）
明治大学法学部教授。一九三三年岡山市生まれ。早稲田大学大学院法学研究科終了後、東京大学社会科学研究所で憲法・行政法専攻。ハイデルベルク大学に留学。熊本大学教授を経て現職。法学博士。日本公法学会理事も務めた。著書に『憲法のしくみ』『憲法講話』『憲法論攷』『憲法の視点と論点』等。訳書に『二〇世紀における民主制の構造変化』『法治国における統治行為』等。

議論の蒸し返し

最近、宗教団体の強力なバックアップを受けている政党が、政権の一端を担《にな》ったことから、それは「憲法に違反するのではないか」とか「政教分離原則に背くのではないか」といった議論が蒸し返されています。そこでこの機会に、「憲法と宗教――宗教者の政治参加について」というテーマのもとに憲法上注意すべき若干の論点について少し考えてみたいと思います。

一体、憲法は宗教に対してどのような態度をとっているのかを、ここでは、できるだけ客観的に述べてみたいと思います。それは、憲法こそが、国の政治、社会のあり方を示すものであり、国や公共団体が政治や行政を行う場合の守るべき基本法だからです。ごく基本的なことをお話させていただきたいと思います。

信教の自由を抑圧しては国家は発展しない

信教の自由が、現在のように完全に保障されるまでには、先人の並々ならない自由獲得の歴史がありました。戦前の日本のように、信教の自由のない社会は暗黒です。精神の自由が認められない耐えがたい世界でした。

人間は、精神を自由に発展させることができてはじめて、人間らしい生活ができるのです。信教の自由は、思想の自由や良心の自由と結びついています。

西欧においては、自由主義思想の発展の歴史のなかで、信教の自由が非常に重要な地位を占めています。それは、精神の自由の基礎をなすものだからです。今日では、ほとんどの国の憲法において、例外なく信教の自由についての規定がおかれています。

信教の自由が保障されてはじめて、近代の国家が前近代の停滞性を破って発展してきたと考えられます。信教の自由を抑圧《よくあつ》するような国家は、発展しません。その意味からも、社会から信教の自由を欠くことは許されないことです。

明治憲法のもとで信教の自由がまったく否定されていたことを顧みて、日本国憲法では信教の自由を徹底的に保障し、国家と宗教の分離を規定しました。日本国憲法は、信教の自由については特に詳しい規定をおいています。他の国の憲法と比べても、日本国憲法が最も詳しい規定をおいています。

憲法第二〇条一項は、「信教の自由は、何人に対してもこれを保障する」と定めています。日本国憲法は、信教の自由の限度や限界をすべて取り除いており、そこに大きな特徴があります。

信教の自由とは何か

憲法に保障された信教の自由は、簡単にいうと次の三つの自由を意味します。

第一に、内心における信仰の自由が保障されていることです。つまり、特定の宗教を信仰すること、または信仰しないことが、自由であるということです。信ずるも信じないも自由、どういう宗教を信ずるかも自由、これは国家が干渉すべきものではないということです。それは、内心の自由の問題だからであって、その限りでは、思想の自由や良心の自由の一種とも考えられます。

同時に、自分の信仰について沈黙を守る自由も含まれています。江戸時代に、隠れキリシタンに対して〈踏み絵〉をさせたことがありました。国家権力から信仰の自由を現実に確保するためには、信仰について沈黙を守る自由が保障される必要があります。日本国憲法は、まず第一にそれを保障しています。

第二に、宗教的行為の自由が保障されています。これは、信仰の目的で祭壇を作ったり、像を建てたり、あるいは礼拝その他の宗教上の儀式・行事などを行う自由が保障されているということです。もちろん、宗教的行為の自由には、それをしない自由を含むことはいうまでもありません。

したがって、宗教的行為の強制は、絶対に許されません。宗教は、どんな権力からも自由でなければなりません。

第三に、宗教的結社の自由が保障されていることです。すなわち、宗教的行為を行うことを目的とする団体、つまり宗教団体を結成することが保障されています。結成の自由が保障されているということは、それに加入する自由も保障されているということです。憲法第二一条では、一般的な結社の自由を保障していますが、一般的な結社の自由とは別に、宗教的な団結の自由が保障されています。

宗教活動においては、複数の人が集合して信仰を深めるということが不可欠であり、それは望ましいことなのです。だから、各地に会館を建ててそこに人を集めたり、集まってそこで宗教的な思いを語り合うということは、欠くことのできないことなのです。宗教活動にとっては、複数の人が集合して信仰を深め合うということが大変望ましいことであり、宗教的結社の自由は、きわめて重要だといえます。また、その教義を宣伝したり、信者を獲得する活動ということが、とりわけ重要です。人びとを説得して改宗させるということも、信教の自由に含まれているのです。

以上の三つの自由が、信教の自由の重要な意味内容です。宗教的行為の自由と宗教的結社の自由は、宗教実践の自由といってもいいでしょう。日本国憲法はこのように、信教の自由については特に重きをおき、相当の注意を払っているということを、忘れないようにしてほしいと思います。

政教分離とは何か

国家が特定の宗教と結びついて、ほかの宗教を弾圧することは、日本だけでなく西欧の歴史においてもありました。そのなかで、信教の自由を確立するには、国家と宗教を分離することが必須の前提となると考えられたのです。憲法は、国家の宗教的な中立性、ないし国家と宗教との厳格な分離を要求しています。

憲法第二〇条一項後段には、「いかなる宗教団体も、国から特権を受け、または政治上の権力を行使してはならない」とあります。また、第三項には、「国およびその機関は、宗教教育その他いかなる宗教活動もしてはならない」と定めております。これは、信教の自由を完全なものにするため、国家が宗教にかかわりをもたず、どこまでも中立的立場であることを規定したものです。国家は、宗教的には完全に無色・無縁でなくてはならないのです。

巷間《こうかん》では、〈政教分離〉という言葉の意味が誤解されています。宗教団体・宗教者の政治参加についても、「政治と宗教が一緒になってはいけない」とか「政党と宗教団体が一緒になってはいけない」と捉えられています。そういう考え方に立って厳しい批判が加えられています。

この場合、政教分離の〈政〉を、政治や政党と捉えているようですが、それは間違いです。政教分離の〈政〉とは、国や公共団体のことです。政治や政党の意味ではありません。

政教分離とは、国家と宗教の分離をいうのであって、政党と宗教の分離をいうのではありません。日本国憲法の政教分離原則とは、信教の自由を守るために、国家に対して宗教的中立を求めたものなのです。宗教に対して政治的中立を求めたものではありません。明治憲法時代の神社神道のような、国から特権を受けた宗教、いわゆる国教を禁止する趣旨です。

「特権」とは、簡単にいえば、他の宗教団体や一般の国民に与えられていないような優遇的な地位や利益のことです。「国から特権を受けてはならない」というのは、国や公共団体が宗教団体に何らかの特権を与えてはいけないということです。特定の宗教団体に特権を与えてはいけないだけでなく、宗教団体に一般の団体とは違った特権を与えることも許されないという意味です。

現在、宗教法人に対する非課税について、特権ではないかという議論が出ています。これについては、法人税法において、社会福祉法人や学校法人などの非営利法人は、その収益事業から生じた所得以外の所得に対しては法人税を課さないと定められていることの結果、宗教法人もその恩典に浴しただけですので、ここにいう「特権」を受けたことにはならないでしょう。宗教法人なるがゆえに免税されたわけではないからです。

細川内閣時代に、政治改革の一環として国費でもって政党に助成することになりました。この点に関して、宗教団体が支持する政党に対して国費を支出するのは、政教分離の原則に反するのではないかという意見がありました。けれども、それはおかしいのではないかと思われます。もし、そういう意見がまかり通ると、宗教団体の支持あるがゆえに一般の政党から区別され、差別されることになり、それは信教の自由を害することになるからであります。ほかの政党に補助金を与えておいて、宗教団体とかかわりのある政党だから、それには出さないという理屈は、どう考えてもおかしいと思います。宗教団体にも、その構成員にも政治活動の自由が憲法で認められているわけですから、それを禁じるように解釈するのは、おかしいのです。その点を十分に注意しなければならないと思います。国民はすべて、法のもとに平等なのです。

宗教者・宗教団体の政治活動は自由である

憲法第二〇条一項後段には、さきほど触れたように、いかなる宗教団体も「政治上の権力を行使してはならない」とあります。これが問題となっています。この文言が根拠となって、「宗教団体に支えられた政党が政権の一端を担ったことは、宗教団体による政治上の権力の行使にあたるのではないか」という意見になり、宗教団体の強力なバックアップを受けている政党の政権参加が、憲法違反であるとする議論まで出てきています。牽強付会というほかありません。

憲法のいう「政治上の権力」とは、国や地方公共団体が独占的にもっている政治的権力のことで、それは統治権つまり立法権・行政権・司法権・課税権等を指しているのです。

憲法第二〇条一項後段の規定は、国家がそうした政治上の権力を特定の宗教団体に委託して行わせてはいけないという意味なのです。これは、宗教団体による統治権の行使を禁ずる意味であって、宗教団体が政治に影響を与えるような活動を行ってはならないという意味ではけっしてありません。ですから、宗教団体によって支持される政党が政権の一角を担うことが、すなわち政教一致になるのだというような考え方は、憲法の正しい解釈とはいえないということです。重要なことですのでよく理解してほしいと思います。

宗教団体が政治に影響を及ぼすことは、まったく差し支えありません。私は年来、そのように考え、またそういう意見をある雑誌に執筆したことがありますが、最近内閣法制局長官も、そうした趣旨のことを国会で答弁しています。

政教一致とは何か

政教一致とは、国家と宗教が結びつくことであって、政党と宗教が結びつくことではありません。ドイツには、カトリック中央党の後進であるキリスト教民主同盟といった政党やその姉妹政党であるキリスト教社会同盟など、宗教色をもつ政党があります。日本でも宗教色のある政党があっても、おかしいはずはありません。

人間の苦悩を救済しようと真面目に考えている宗教者の政党が政治を行えば、かえってよい政治ができるだろう、と私は思います。

宗教団体が選挙のときに選挙活動をすることが、政教一致になるのではないかと感じている人がいるかもしれませんが、それは憲法を誤解していることによるものです。欧米では、宗教団体が主催する奉仕活動や政治活動は、当然のこととして行われています。社会に根ざした好ましい活動として歓迎されています。

宗教者や宗教団体が政治的な発言や活動をしてはならないという理屈は、日本国憲法のもとでも成り立つはずがありません。日本国憲法では、いかなる人にも、政治上の言論の自由が保障されているのです。

また、何人にも、結社の自由が保障され、政治参加が保障されている以上、主義主張を同じくする人びとが、政治結社である政党を結成することは自然の成り行きです。憲法は、その自由を認めているのです。

そして、同じ宗教を信ずる人が宗教的な結社を作ることは、結社の自由としても保障されています。何人にも、政治活動の自由が認められているのですから、宗教団体にも、その宗教団体を構成するメンバーの一人ひとりにも、政治活動の自由が同じく保障されるのは、当然のことといっていいでしょう。疑いを入れる余地はない、と思うのです。

それなのに、まるで憲法がそれを禁止しているかのような発言をすることは、とんでもない誤解です。宗教者がどのような政治団体を支持しようが、それは自由なのです。そういう自由を、憲法は保障しているのです。

不断の努力で信教の自由の確立を

世間には、どうも宗教に冷淡な人が多いようです。しかし、信教の自由、精神の自由は、多年にわたる自由獲得の努力の成果として保障されたことを忘れてはなりません。この尊い遺産は、国民の不断の努力によって、どこまでも大切に保持していかなくてはならないと思います。

憲法が信教の自由を保障しているからといって、それで実現されると思ってはいけません。憲法は法律的な枠組みを作っているだけです。法的に保障するということは、現実にそれが実現することではありません。それを現実のものとするためには、絶えず努力をしなければなりません。

いくら権利を与えられても、その権利を行使しない人にとっては、それは紙の上の文字にすぎません。これほどまでに憲法が保障する信教の自由を、単に「紙の上で保障されている文字」だけに終わらせないためには、すべての人びとが心の内に信教の自由の思想をしっかりと刻み込み、日常生活のなかでそれを実現する努力を続けていくことが何よりも大切だと思います。

信教の自由の保障は、そうした日々の努力の積み重ねによって、はじめて確立されるものだからです。この拙い私の話が何かのご参考になればと願っています。

（文責編集部）

●連続講座Ⅰ――③

地球化時代の宗教と政治

中野　実

中野実（なかの・みのる）
明治学院大学教授。政治学博士。一九四三年生まれ。早稲田大学第一政経学部卒。同大学院政治研究科博士課程修了。英国エセックス大学・豪州アデレード大学他客員教授歴任。著書に『宗教と政治』『現代国家と集団の理論』『現代日本の政策過程』他多数。

〈一〉 人類の進歩・危機・回復

今日、さまざまな分野で「危機」が叫ばれています。確かに、よくよく見てみると、政治も、経済も、平和も、あるいは人権も、いろいろなレベルで危機的な状況になっています。我々は「世紀末」というふうに言ったりもしますが、こうした危機というのは、単に「世紀末」という「現象」に過ぎないのではなく、もう少し深い、構造的な問題がある。つまり、長い人間の歴史の中で、二十世紀末がこういう状況にならざるを得ない、構造的な問題があるのではないだろうかと思います。

近代以降の「進歩・発展」と負の累積

その一つに、進歩・発展ということがあります。我々は個人的には、生きては死んでいくという運命が決まった、モータルなものでありながら、やはり同時に、自分を一歩でも前進させたい、発展させたい、という欲求を持っています。ある意味で人間というものは、個人的レベルでも、団体のレベルでも、ある社会のレベルでも、国家のレベルでも、「発展」というようなことを思うし、思わなければやっていられないというところがある。

そういう進歩、発展ということについて、人類は相当、長い歴史を持っているわけですが、特に近代以降は、「揺るぎない進歩、発展」を確信するという時代でした。つまり近代における人間の「進歩の確信」というのは、人間が、神などの、ある意味では非合理な世界から解き放たれたほうがいい、それでも人間は人間としてやっていけるんだ——言葉を変えれば、人間の理性や知性に信頼を置くことによって、人間が発展できるんだ、という確信を得た時代でした。

もちろん、そのことは、人間のさまざまな文明が大きくレベルアップすることに、確かに貢献してきました。しかし人間の進歩、発展の確信というのは、特に産業革命以降、我々人間の生命、生存さえ脅かすような、大変な環境危機をもたらしたということも言えるわけです。

また同時に、進歩、発展というのは、競争があるからこそ発展するんだということで、特に資本主義の発展以降、単なる経済競争だけでなく、国家と国家の競争、あるいは人種と人種の競争という形で、競争というものが当たり前になりました。競争は、我々を発展へと動かす、まさしく原動力になります。しかし、この競争社会というのは、今言ったような進歩、発展に貢献しながらも、同時にまた、破壊にも貢献してきました。例えば産業社会で言えば、穏やかな産業社会から、一挙にすさまじい早さで、経済を世界化しました。その結果、競争は同時に、今日、「構造的暴力」と言われるような、激しい南北格差、経済格差を広げてきた、とも言えるわけです。

破壊された「共同社会」

激しい競争社会がもたらしたものは、そればかりではありません。近代以降、人間関係の、より自然な紐、端的に言えば「共同社会」と呼ばれるようなものを、相当な程度に破壊し尽くしてきました。共同体から離れることのほうが、むしろモダンでスマートで自由だと思ってしまうぐらいに、「共同体」あるいは「共同体的なもの」が持っていた、自然な人間関係を維持するメカニズムのようなものを壊してきたと思わざるを得ません。

そして、この近代以降の進歩、発展というものに大きく貢献してくるのが、「国民国家」と言われる新しい国家の形態です。歴史的に見れば、これは、そんなに歴史を持っていません。近代国民国家の形態というようなものは、それ以前には、まったくありませんでした。せいぜい二、三世紀、日本では一世紀余の歴史です。しかし、この巨大な「共同幻想」

とも言える近代国民国家は、それ以前の世界とは、まったく別の世界を築いてきました。政治もまた、この近代国民国家に独占されていくということになるわけです。

しかし、この近代国民国家も、今日では相当に揺らぎ始めてきています。何も国家でなくてもいいじゃないか。規制緩和、地方分権等々、国家の持っている主権というものは、必ずしも絶対的なものではなく、むしろ、それを分権化していったほうがいいという考えが出てきています。現に、世界的に見ても、近代国民国家が行える部分と、国民国家だからこそできない部分があります。例えば環境問題でも、平和問題でも、むしろ率先して、非国家的な組織なり運動というものが、国家を超えて、貢献しているという現象が現れています。近年、いわゆる近代国家の揺らぎだとか、国家の相対化というのは、こういう現象を指しているわけです。

「禁欲」と「制御」の時代へ

では、近代以降の発展がもたらした人類史的な危機の時代にある我々にとって今、どのような時代認識が必要かということになります。一つ言えることは、まず、我々は「禁欲」と「制御」の時代に入っているということです。

ここから、どのような人間性を回復すべきかが問われることになります。私が今まで申し上げた「危機」というのは、自然災害などではありません。皆、人間が生み出した危機だということですから、これを回復するにあたっては、再び我々自身が、人間とは何か、人間性とは何なのかを、それぞれが突き詰めて考える必要がある段階にきているのではないかと思います。

回復されるべき「人間性」

複雑怪奇とさえ言える人間性を、ここでは社会的に回復されるべき人間性という観点からお話しします。この場合、さしあたり人間性の三つの理念型を挙げることができます。

一つは、競争社会をつくり出してきたような、競争というものに非常になじむ性格です。すなわちアダム・スミスが「ホモ・エコノミクス」と呼んだものです。

人間というのは、経済人としての合理性を持っているから、競争しあっても、必ずそれが、利益の均衡に自然に導かれるんだという、いわゆる自由主義経済社会を営む人間像の理念型です。ですからホモ・エコノミクスというのは、単に、何でも競争しあって、生き馬の目を抜くような人間像ではなく、それなりの公共的な道徳性を身につけた、しかし合理的に判断できる人間像を前提にしています。

もう一つはアリストテレスのいわゆる「ゾーン・ポリティコン」。これは、いろいろな解釈があるらしいですが、私自身は、こう考えています。人間というのは、一人では弱い。例えば人間が、巨大で鋭い歯を持った、もっと瞬発力もある、走るのも速い動物がいっぱいいる中で、なぜ、こうして生き残ってきたのか。それどころか、今日のように、あらゆる動物の上に君臨するような地位まで得てきたのか。それは、弱いからこそ、皆で集まって何かをやるという、「組織力」があったからです。

逆に言えば、人間というものは、集団的にしか生きられない。結局、人間は、個人と個人が互いにいがみ合いながら、時には人種同士で、時には部族同士で喧嘩しあいながらも、基本的には、やはり集団的にしか生きられない生物であるということなんです。

集団で生きるということは、一方で、その集団内の秩序、あるいは統合という問題が出てきます。これが政治です。そういう意味で、人間というのは、政治的にしか生きられません。ゾーン・ポリティコンとは、人間は生まれながらにして政治的な動物なんだということです。

もう一つは、人間には、いわば、この二つの側面を一つにくるんだような側面があります。「ホモ・レリギアス」とも表現できる理念型です。つまり「宗教的人間」という側面を、我々は皆持っていると、私は思います。

もちろん、この場合には、日常信仰に篤い特定宗教の信仰者だけを指しているのではありません。私のような俗人でありながら、いつも、自分の生き方や人間関係に迷っている、救われたい、あるいは世のため人のためになりたいと、それなりに思っている、そういう人も含めて宗教的人間だと私は呼んでいるわけです。

以上のような人間性の三つの側面で、うまくバランスがとれていれば、問題は起こらないのですが、今日のさまざまな危機というのは、この人間性の持つ三つの側面のアンバランスが生み出したものだと思います。

「宗教的属性」の重要性

しかし、こうして見てみると、今日では、この「ホモ・レリギアス」という部分が、非常に大事なのではないでしょうか。

「政治的人間」というのが、一つの属性としてあるとしても、果たして本当に、政治の世界、すなわち、社会的秩序や統合の世界がうまくいっているかというと、必ずしもそうではありません。

また、アダム・スミスが「ホモ・エコノミクス」と呼んだのは、人間が極めて高い道徳性を持っていることを前提としているわけですから、「ホモ・エコノミクス」の側面も、「ゾーン・ポリティコン」の側面も、この「ホモ・レリギアス」と呼べるような人間性を必要としていることになります。

〈二〉 近代国民国家の発展と衰退

以上のことを踏まえて、次に近代国民国家の発展と衰退のプロセスをたどりながら、政教関係の変化、政治の形態と意味の変容について見てみようと思います。

国民国家の政治原理

政教の関係で、政治の歴史を振り返ってみると、非常に大ざっぱな区切り方で、原初、古代、中世、近代、現代というふうにとらえた場合、少なくとも原初では、政教というのは一体化しています。つまり「政《まつりごと》」の世界です。

古代、中世は、それなりに世俗化した権力が出てきますから、一体性は弱まります。かといって宗教的な部分に、まったく依存しないでできたかと言えば、そうじゃない。ほとんど境目がないぐらい、大いに依存していました。そういう意味では、相互依存というか、共生、共存と言ってもいい時代です。

ところが、近世になってくると、「政治の優位」となります。ただし、特に近世の君主というのは、ヨーロッパで言えば、神の形式や神学だとか、神がかりの儀礼みたいなものに大いに依存しています。そういう点では、まだ、魔術のようなものに強く依存していた段階ですから、私は、これを政教関係の擬似《ぎじ》相依の段階と呼んでいます。

近代になると、政治と宗教とは分離したほうがいいという考えが出てきます。この近代の政治原理というのは、この政教分離だけではなくて、「主権」という原理がでてきます。これは後に、国民主権になってゆく「主権」ですが、この主権という概念の成立があります。「主権」という考え方は近世にも既に生まれていましたが、現実に近代国民国家というものを形づくっていく「主権」という概念になっていくのは、ホッブズあたりからです。つまり、社会契約説、自然法思想に基づく近代自然法思想のなかで、「主権」というコンセプトが、国民国家をつくる重要な論拠になります。

それともう一つは、「三権分立」という原則も出てきます。これらの考え方が確立して新しい政治社会の基本的形態となったのが、近代国民国家ということになります。近代国民国家は、人の支配や神の支配を否定したわけですから、当然、法の支配という原則になります。これが今日まで続いているわけです。いずれにしても、こういう考えで、近代国民国家というのはヨーロッパを中心に大変な発展を遂げ世界化していきます。これを政教関係でみれば、本来、宗教と分かちがたく結びついていた政治が急速に世俗化し、国家がこの意味での政治を独占するようになったということです。

国民国家の衰退

ところが、二十世紀になって、この近代国民国家も、国家の内部から、そして外からの、両方向のインパクトによって、だんだん揺らいできました。これを、国民国家の「揺らぎ」とか、「相対化」と表現しています。

近代国民国家が弱ってくると、では、それが果たしてきた役割を、どこが果たしていくのか、という問題になってきます。そういう意味では、逆に言うと、ほとんど国民国家に独占されていた政治が、我々の手にゆだねられてくる。例えば今、日本で分権化が進んでいますが、これを地方自治体が強くなると考えては、困るわけです。地方分権というのは、つまり、我々がやらなければいけないという時代になってくるということです。そういう意味では、我々市民が大きな任務を負う時代に入っていく。つまり、もはや地方自治体も国民も、国にタカるという依存体質から抜け出さねばなりません。日本でも既に、今まで地方に与えていた機関委任事務も全廃するという法律が通ってしまっているし、今度は税源も委譲されます。国家の相対化の典型的な事例だと言えます。

新しい〝政治のフロンティア〟

先進国では今、こうした形で、地方と中央の新しい関係が再編成されています。イギリスでは大きく変わり、スコットランドが、「スコットランド議会」をついに持った。ある程度の主権性というのが、認められるようになりました。

またある部分では、大変厳しい暴力的な形で出ています。インドネシアやコソボがそうです。つまり東西冷戦という時代の終結、すなわちソ連とアメリカという大きなふたが取れた途端に、言うなれば近代国民国家がうまくつくれなかったような国々では、国民国家が完成する以前に、至るところでいろいろな地域紛争が同時多発しています。しかも、多くの場合、この種の紛争の背後には、近代国民国家が「止揚」したはずの、宗教あるいは人種―宗教的な問題が横たわっていることに気づきます。これは、政教関係を考える場合、きわめて示唆《しさ》的です。国民国家というのは、そういう意味では、全体として再編成の時代に入っていて、逆に言えば、新しい政治のフロンティアが今、我々の目の前に広がりつつあります。

多次元化する政治の舞台

では、「国家の相対化」というのは何かと言えば、国際的にいっても、政治の舞台というのは、基本的に国民国家が独占してきたから、我々は、つい国民国家の題で政治を考えます。国際政治という力関係の話は別にありますが、政治というと大体、国内政治の話です。だけど実際、舞台はもう、コミュナルな部分とナショナルな部分との再編成が始まっています。

もう一つはリージョナル、つまりAPEC《エーペック》（アジア太平洋経済協力会議）やEUのことです。EUを見れば、よく分かります。EUというのは、それぞれの主権国家がありますが、主権性をどんどん取り払い、EUとして統合しようとの試みです。だから、ビザとか、今までの国境と思われたものを、どんどん取り払っています。

このように、少なくとも政治のフロンティアというのは、ネーションどころか、今は、内部を見ればコミュナルな部分、ローカルと言ってもいいですが、そういう政治のフロンティアが広がりつつあります。外を見れば、リージョナルな共同体のレベルでの政治というのも当然、出てくる。それから、国連に代表されるような、インターナショナルな政治のフロンティアです。そして今日では、もっと大きい超国家、あるいはグローバルと言われる政治のフロンティアがあります。このように、政治の舞台というのは、かなり多次元的になってきたと考えたほうがいいということです。事実、政治の担い手も、もはや国家だけでなく、超国家的な主体、NGO（非政府組織）やNPO（非営利組織）のような非国家的な主体が近年ますます増加し、新しい政治の舞台で目を見張るような役割を演じていることは、皆さん御存知のとおりでしょう。

〈三〉 デモクラシーと宗教

以上、近代国民国家の発展と衰退の過程で、再び新しい政治の舞台が広がりつつあることを見ました。これを政教関係と捉《とら》えれば、新しい世俗の政教原理を携えて発展してきた国民国家が止揚したはずの宗教、人種―宗教的要素が、再び国民国家に対抗するかたちで噴出してきている。これは国家の衰退と宗教的なるものの深さを象徴する状況といえます。しかし、他面で近代政治原理はデモクラシーの思想と制度の普遍化に寄与してきました。ただし、この点でも宗教との深い関係を見ることができます。デモクラシーといっても、いろいろな議論があって、どう言っていいか分かりませんが、私は、私の枠組みで考えていきたいと思います。それには、少なくとも七つの側面が考えられます。

理念としてのデモクラシーと宗教

一つは、デモクラシーというのは理念、思想というレベルで考えられます。例えば「ロックの民主主義思想」というふうに言われる場合、当然、我々は理念、思想というレベルで民主主義を考えているわけです。そういう部分はもちろん、デモクラシーの非常に重要な側面をなすということが言えます。

さて、理念、思想というレベルで、デモクラシーと宗教との関係を言えば、そもそもデモクラシーの思想（近代デモクラシー）いうのは自然法思想に基づいたものです。ロックが、思想的には非常に大きな貢献をしています。ロックの立場を一言で言えば、自然法思想に基づく民主主義思想であると同時に、新しい宗教理論でもあったということです。

当時のイギリスは、王権が非常に強く、その王権と、宗教、すなわちイギリス国教会とが一体となって支配していました。そうすると、それ以外のいろいろな宗派があるのに、「国教」というのはおかしいことなる。こういう考えは特に、スコットランドを中心とするプロテスタントから生まれ、彼等は宗教的不寛容に対して、抵抗しました。ロックも、その先兵の一人だったわけです。

ロックはまず、国家から宗教的寛容を勝ち取ろうとしました。とともに、宗教的な寛容を制度的に保障するすべはないものかと考えました。そうすると、宗教だとか、地域だとか、人種だとかで国家が分かれていては、どうしようもない。やはり、これは「国民」だ。「国民」というものでまとまっていけば、宗教的な違いによって迫害を受けるということもなくなっていくと考えた。つまり、新しい国民概念というものに、ロックは非常にこだわるわけです。そういう形で彼は、いわば国家と宗教が、どう調和していくかという世界を考えたわけです。このような考え方が政治、そして民主主義政治というふうにつながっていったのです。

他方で、ロックはキリスト教の持っている、いわば一面性だとか、排他性だとか、非合理的な部分を抑えていこうとした。お互いに抑制していくことが、いろんな宗派があっても一緒に協調できる原理になるんだと。これが宗教寛容論というものです。

もう一つは、国家のほうも、国家主権というものを威張りくさって行使するのではなく、やはり、もう少し制限すべきであるという、国家主権制限論をロックは唱えました。それから、もう一つは、そうやって宗教寛容論で国家権力が制限されたから、もうそれでいいというのではなく、同時に国民も政治に参加していくことだから、単に反権力ということでは困る。国民もまた、積極的に政治に参加していく。それは、もともとキリスト教も、公共善に対して奉仕するという精神、すなわち公共の哲学を説いているわけです。ですからロックは、宗教的寛容という条件と、国家主権が制限された状態で、国民が主体的に政治に参加し、そして公共善に奉仕していくということを唱えました。これが後の民主主義思想につながっていきます。

政治体制と制度としてのデモクラシー

民主主義というのは「政治体制」であるという側面はあります。すなわち今日、世界的に民主化という運動が広まっています。ところが民主化が求めているものは何かとなると、基本的には、まず、とりあえず政治体制が民主体制になるんだということです。今、世界で言われている民主化というのは、まさに、この政治体制としての民主主義を求めているわけです。そういう意味で、政治体制としてのデモクラシーという要素は、依然として非常に大事である。政治体制としてのデモクラシーが確立した後には、制度・システムとしてのデモクラシーがあり、先進民主主義国にあっても、この側面の洗練化が行われています。

社会制度への依存

それから「社会制度」。つまり、デモクラシーというのは政治的なものだけではなくて、それを支える社会のレベルが、より民主的であればあるほど、それは当然、成熟した民主主義になり得るわけです。そういう意味では、政治制度や法制度じゃなくて、例えば「習慣」のような次元の社会規範や社会的な諸制度としてのデモクラシーというのも考えられるわけです。例えば日常の居住地域とか職場での人間関係だとか、神や仏の前での平等とか、そういう習慣が社会的にあるかないかということが問題となる。そういう意味の社会制度です。

個人の「生き方」として

さらに、個人の生き方としてのデモクラシーというのもあると思います。つまり、公共に対して、我々がどう対応していくのかという、公共的な倫理の問題、あるいは公共に対して、どういう自己責任をとっていくのかという問題も含めて、個人のエートスとしてのデモクラシーというのも、大事な要素であると思います。これは当然、宗教活動のあり方とか、あるいは信仰者としての個人の生き方が、こういうところで試されると思います。

「運動」としてのデモクラシーと宗教の貢献

民主主義そのものは、ロックだって運動から始まっているわけですし、アメリカン・デモクラシーも、やはり独立戦争というものを最も大事にしているわけで、そういう意味では運動の中から出ています。

では、それは歴史的な話にすぎないかというと、そうではありません。つまりデモクラシーは元々、運動があって出てきているのだから、その運動という要素がなくなってしまったら、これは、もうだめです。システムが完成したから、もう何もしなくていい、というわけではないのです。運動という要素は永遠に、デモクラシーの思想が続く以上、非常に大事であるということです。

最近でいえば、「民主化運動」と言われるようなもので教会や宗教団体が、かなり活躍しています。韓国などでは、特に全斗煥政権のときの学生運動で、学生をかくまったのはカトリックの教会です。東欧でも、ほとんど教会が運動の先頭に立っていて、中心的な存在でした。そういう意味では、民主化運動にはやはり教会、もちろん仏教系の反戦運動とか平和運動も含めて、宗教団体あるいは宗教的な思想・理念が大いに貢献してきたし、今後もできる分野ではないかと思います。

「生老病死」の側面への関わり

もう一つは「政策」としてのデモクラシーがあります。体制・制度、システム、慣行、個人のエートス、これは結構だけれども、デモクラシーを公共性という観点からとらえれば、やはり政策としてのデモクラシーというのは非常に大事です。特に福祉や医療のような政策分野を、広い意味での宗教的な観点から進めていくというのは、大変に正しいことです。とりわけ、我々の「生老病死」といった、人間の基本的なサイクルというものは、国家が単純に介入しない、また、できないために、貢献する場があるのではないかと思います。

事実、欧米のキリスト教圏に限らず、仏教諸国、イスラーム諸国でも宗教的な理念や価値観が政治・政策に大きく反映しています。生老病死にかかわる問題に関する政策形式・立法過程には、やはり宗教団体の考え方や運動が、ものすごく反映されている。貢献しているわけです。それから政治の浄化という点でも、宗教政党というのは、大いに寄与できるのではないかと思います。最後に、そういうお話をしようと思います。

〈四〉 新しい政治への宗教の貢献

宗教的価値観は政治に必要

政治への宗教の貢献ということに関連して、まず「政教分離」について少し触れておきます。政教分離というと、宗教と政治が、きれいに分かれるというようなこととして、戦後の日本では思われてきました。しかし、ヨーロッパの国々では、いろいろな違いはありますが、基本的にいえば相対分離です。絶対分離とか完全分離を目指している国は、ほとんどありません。

日本では、これは解釈の問題になりますが、別に宗教を基盤とした政治活動を禁止しているわけでは、まったくない。宗教を基盤とした宗教政党が、政権の座につくということだって、あり得るわけです。政党なら、政治権力を握りたい、自分たちの政策を実現したいというのは当たり前の話です。したがって、公明党の議員が入閣したら、それがただちに憲法の政教分離の原則に違反しているというふうには、私はならないと思います。

さて、一般的に言って、宗教的な価値観というのは、やはり政治にも反映すべきであると思います。哲学、思想のレベルでも、ヨーロッパの政治思想、哲学、インドの政治思想、哲学、中国や日本でも、宗教的なものを無視して書かれたものはむしろ少ない。カントの平和論にしても、グロティウスにしてもそうです。国際法の父グロティウスは、敬虔《けいけん》なプロテスタントでした。そのプロテスタンティズムの中から、初めて国際法という考えが、『戦争と平和の法』という本で著されたわけです。平和の思想というのは、イスラムにも、仏教にも、ヒンズー教にも、もろちろんあります。要するに、平和の思想・哲学はとっくに宗教の中に蓄積されているわけです。

そう考えると、宗教的なものを、宗教政党という形で表現していくということは、私は、むしろ正しいことだと思います。しかし、特に日本の場合は、「宗教的故郷喪失者」が圧倒的に多いので、そういうところに宗教の名前を出してくると、イメージを大いにダウンさせるという側面があって、宗教団体とか宗教政党の価値が、なかなか評価されないところがあるのも事実です。

人間とは一人で生きられぬ存在

さて、この地球化時代に、宗教には、どのような役割があるのかを問うてみます。結論的に言えば、まず我々が、今の段階で考えを深めなければいけないことは、最初に申し上げたように、やはり「禁欲と制御の時代である」という認識だと思うんです。

そういう点からすれば、大いに宗教が、その禁欲と、制御に資する公共の倫理を育むのに役立つでしょう。

先ほど述べた三つの人間性に、何が欠けているのかといえば、結局、公共性の衰退というふうに言えるかと思います。つまり、我々が失った共同体の原理には、社会規範だとか道徳規範だとか、そういう規範的なものが含まれています。それは、「公共性」という一語にくくれると思います。パブリシティーと言ってもいい。政治というのは、やはりパブリックなものだし、我々は社会的な動物、ゾーン・ポリティコンですから、そういう意味では、我々の存在自身が公共的なものだと、とらえ直していいでしょう。

人間は、一人で生きるということは、まず、できません。そういう点からすれば、この部分で、つまり平和思想、環境保護・生命の倫理、民主主義のエートス、福祉・貧困救済の道義等その公共の哲学、公共の思想、公共の倫理という部分に、やはり宗教が一番貢献できるのではないかと思います。それは、宗教が全面的に政治にとって代わるということではなく、宗教の純化を通して、国家による政治への過剰介入、市場の無秩序に対して、これを正していく役割を担い得るという意味です。

貧しい〝宗教的風土〟

しかし、にもかかわらず日本というのは、特に近代以降の日本は、政教分離の誤解というか、低いレベルでの論争のおかげで、非常に貧しい宗教的な風土になっている。ゆえに皆さんの運動というのが、なかなか理解されにくいというところがあります。

政治もまた、同時に非難されます。政治と宗教は、そういう点でも似ているし、基本的には浄財に依存するわけですから、似ているところはあります。

政治では、政治家が悪いことをやれば選挙で落選させることもできるが、その半面、〝世俗の政治など、そんなもんだ〟と許している部分が、有権者の中にもあります。

ですが、宗教に対しては結構厳しいわけです。宗教の聖性というか、宗教に対してもっと人々のイメージなり願望は、一般に政治よりはもっときれいだし、こうあるべきだというのが強い。そういう意味で当然、それに対するリアクションというのも強くなるわけです。私はそういう意味では、例えば政教分離の問題でも何でも、それに対して謙虚に誠実に答えつつ、若い皆さんが自信を持って社会的な運動を展開されるよう願って、私の話を終わります。長時間、ご静聴ありがとうございました。

●連続講座I――④

核軍縮の現状と日本の役割

梅林宏道

梅林宏道（うめばやし・ひろみち）
ピースデポ代表。太平洋軍備撤廃運動・国際コーディネーター。一九三七年生まれ。東大大学院応用物理学専攻博士課程修了。工学博士。情報誌「核兵器・核実験モニター」を発刊。著訳書に『ウラルの核惨事』『核兵器廃絶への新しい道』『情報公開法でとらえた在日米軍』等。

元・核の最高責任者が、核廃絶を訴える

人類の長い歴史の中で、核兵器がどういう役割を果たしたのかを、二十一世紀を前にして、もう一度考えたいと思います。

昨年の十一月、ジョージ・リー・バトラーというアメリカの元戦略軍司令官が、ベトナム戦争の時の国防長官だったロバート・マクナマラとともに、初めて来日しました。『朝日新聞』が彼らに特別にインタビューをして、昨年十一月六日付の夕刊に載りました。彼らが来日したのは、外務省などを回って、国連で採択されようとしている「核廃絶決議案」に賛成するよう働きかけるためでした。

ごく最近まで核兵器を扱う最高の地位についていた人が、今、このように核兵器の廃絶を、だれにも増して強く主張するようになったのです。このことは、私たちが核兵器について考えるとき、非常に大きな意味を持っていると思います。

バトラー氏は最初、B52戦略爆撃機のパイロットでした。冷戦時代、アメリカ軍は、B

52戦略爆撃機が核爆弾を抱えて、常に数機空を飛んでいて、爆弾をすぐにでも落とす任務につけるパトロール態勢をとっていました。現在は中止されましたが、その戦略爆撃機のパイロットはエリート中のエリートでした。

その後、彼は統合戦略標的企画参謀部長になり、アメリカの核戦略の中で「標的を定める」役割を果たしました。すなわちソ連のどの基地、どの発電所、どの橋という具合に、当時数万カ所といわれていた標的を特定し、その一つ一つに対して攻撃のプログラムを立てていたのです。その後、彼は戦略空軍総司令官になりました。

アメリカの核戦略は三本柱でできています。その一つは戦略爆撃機です。これは空軍の管理下にあります。もう一つは大陸間弾道ミサイル。大陸の間を飛ぶ飛行距離を持っている弾道ミサイルです。これも空軍の管理下にありました。もう一つは、戦略原子力潜水艦です。潜水艦に弾道ミサイルを積んで海底から発射できる態勢を常時整えているのです。これは海軍の管轄《かんかつ》でした。ですから空軍は、いわば三本柱の二つに責任を持っていたのです。その空軍の「戦略空軍総司令官」に着任したバトラー氏は、一九九〇年から九二年の間、その任務についていました。

冷戦終結後、アメリカは空軍や海軍などが管轄するすべての核戦力を一つに統合し、ています。この間の一九四六年に、アメリカは核兵器を統括する組織として「戦略軍」としました。その初代「総司令官」にもバトラー氏が就任し、世界最強でもっとも精密な核戦力の全責任を負う地位を、九二年から九四年まで務めていました。

彼は最高責任者だった当時から、冷戦後の核戦力について、非常に強い疑問を抱くようになっていました。自分が全責任を負って核の発射の最終判断をする立場に立たされたにもかかわらず、「全体」を知っている人がだれもいないということを、まず自覚したと言っています。彼とても、〝どこにどういう部隊があって、それが、どのターゲットに向かって戦闘を開始する態勢をとっているか〟などということを全部、掌握《しょうあく》することは、とても不可能だったのです。

例えば、一人の空軍パイロットはロシアのある地域の橋を担当している。発射命令が来れば、ひたすらその橋を破壊するための核攻撃に専念する。また、別の人は別のターゲットに向かって一生懸命に爪《つめ》を研《と》いでいる――それらすべてを、一つの指令によってコントロールするのです。彼は、〝もし自分が核攻撃の判断を下したときに、もたらされるであろう結果について、自分がどれほどのことを知っているかと思うと、夜も眠れない恐ろしい気持ちになった〟と語っています。

大きなシステムの中で判断するとはいえ、核兵器は、とても一人の人間が最終的な判断をできるような種類の兵器ではない。一度使ってしまったら、その結果について、だれも判断できないような、大きな破局に発展していく。そういう核兵器を、「人間のコントロールするもの」として考えること自体が誤りにちがいないと、バトラー氏は徐々にその信念を深くしていったのです。

核兵器を肯定するメカニズム

彼は三十数年間、キャリアを積みながら、最高の地位に上り詰めた人ですが、最後の数年間、悩んだ結果、たどり着いた結論は二つだったと言います。

私なりに要約して紹介します。結論の一つは、核兵器があってもやむを得ない、と許容する気持ちは、「理屈抜きの敵意」によってのみ、抱くことが可能であったということです。当時、アメリカはソ連を「悪の帝国」と呼んで、自分たちの愛するものすべてを奪ってしまうような、憎んでも憎み足りない敵と見なしていた。そういう「理屈抜きの敵意」がないと、核を許容することは恐らくできないだろうというのです。

そして、その「敵意」は、「疎外《そがい》」と「隔離《かくり》」から生まれる情緒的気運の中でのみ、増殖《ぞうしょく》し得るものだと言っています。お互いに全然知らない、接触がないという「疎外」と

「隔離」された関係のうえに増殖した「敵意」だったというのです。それは、人間性を侵蝕し、道徳的な怒りを凍結させてしまう。そういう心理のサイクルをつくっていたと、彼は冷戦時代の状況を分析しています。

もう一つの結論は、このような、相手に対する「恐怖」や「敵意」は、政治システムや価値観と関係なく現れる。民主主義のもとでも、全体主義のもとでも起こるということです。彼は、アメリカの民主主義のシステムを評価すべき価値として肯定的に考えていますが、その民主主義の国でも、先ほどのような「恐怖」と「敵意」は増殖することができた。自分もその虜《とりこ》になってしまったことを総括しているのです。

彼は、「恐怖」や「敵意」という感情は、「人間」に根差していると考えます。「恐怖」と「敵意」は文明の規範を萎縮させる。すなわち、文明が開発してきた、いろいろなものの考え方が、「恐怖」と「敵意」の前に縮《ちぢ》こまってしまい、人間の遺伝子に強力に刻印されたような「野蛮」な状態から逃れる道を見えなくすると言っています。

そういう二つの悪循環に陥ることによって、核兵器を肯定することが起こりえたと、彼は総括しているのです。

ます。

「核抑止論」はギャンブル

また彼は「核抑止論《かくよくしろん》」は、冷静な状態にもどってみると、考えることのできない理論であると言い切っています。「核抑止論」は「理論」ではなく、「ギャンブル」であると言います。

「核抑止論」とは、敵対している二つの勢力があって、一方が他方を攻撃したときに、攻撃を受けた側が圧倒的に勝る核戦力をもって報復する能力があることを見せつけることによって、敵に最初の攻撃を思いとどまらせる。つまり、核の脅《おど》しによって、攻撃を加える意図をなくさせる、という考え方を言います。ですから、相手側がどういう行動をするかということを予測しつつ、こちらは核戦力を高めていくことが必要です。核の能力を誇示することによって、相手は恐らく恐怖を感じて攻撃をしてこないだろうと読む。そういう、相手の行動に対する「読み」を基礎にして、「核抑止論」は成り立っているのです。

彼が「核抑止論」はギャンブルであると言い切ったのは、次のような経験があるからだと説明しています。〝冷戦が終わって、私は冷戦時代に核で対決していた相手の将軍と初めて会った。ところが、その将軍が考えていたことは、自分たちが「読んで」いたこととは、まったく違っていた〟と。すなわち、核戦争が起こらなかったのは偶然にすぎず、

「核抑止論」が正しかったからではなかったのだと、はっきりと分かったというのです。

自分たちが核の駒をこう動かして、核のサーベルをちらつかせ、相手に警戒させる。そうすれば相手はこう考えるだろう……と行動するのが「核抑止論」の立場です。それは、いろいろな学問を駆使した推測によって成り立っていたのですが、その推測が、ほとんど当たっていなかったということが、冷戦後、明らかになった。そこでバトラー氏は、「核抑止論」は、まったくの勘違いであると知ったというのです。

彼は核の最高責任者まで上り詰めていた人ですから、自分を点検して、どうして自分が、こういうふうになったのだろうかと、徹底的に内省しました。彼自身は、苦しみながら自己転換をなしとげた人だろうと思います。

そういう意味で、私はとても感動いたしました。彼の転換の物語を、少しでも多くの日本人に知ってもらいたいと思っています。そして、核廃絶の前に立ちはだかっている壁を私たちが乗り越えるためには、いまなお「核抑止論」を肯定している日本の政治家たちが、彼のような転換をどのように評価するのかを、問わなければならないと思います。

バトラー氏が三十数年間、落ち込んでいた「核の落とし穴」から、人類は抜け出ようとしているのでしょうか、それとも、そこから当分は抜けられないということを現実は示しているのでしょうか。

国連が果たすべき役割

二十一世紀を目前にして、核兵器廃絶を国連という場で、どう達成するかを考えたときに、大きなテーマになると思われることがあります。今年の三月に、国連の事務総長が「二十一世紀のアジェンダ」というものを発表しようとしています。二十一世紀を平和の世紀にしなければならないというのは、国連の誕生の歴史からいって当然の目標ですが、そのために国連は何をすればよいのかを、今こそ考えなければいけないというのです。

この「二十一世紀のアジェンダ」に対して、NGO（非政府組織）の意見を反映させたいということで、意見を求める呼びかけが、昨年の十二月に行われました。その機会をとらえて、創価学会も非常に積極的に参加されてきた「アボリション二〇〇〇」というNGOネットワークが、国連事務総長あてに手紙を出しました。

その冒頭で事務総長に訴えたことは、今からちょうど五十四年前の一九四六年一月二十四日、最初の国連総会決議に何が書いてあったかを、ぜひ想起してほしいということでした。そこには、核兵器の脅威ということが、まずもって書かれています。その脅威を取り除くために、国際社会が核兵器の廃棄のための道筋を見つけなければいけない。そこで、そのための具体案を検討する委員会の設置が決議されました。ですから国連は、はじめから、核兵器の廃絶を掲げた組織であったのです。

当時は、戦争はこりごりだという機運が世界に満ちていました。ヨーロッパは第二次世界大戦で疲弊しきり、核兵器がアメリカとロシアの間の新たな〝競争の芽〟になりつつあった。そういう状況で国連が生まれたのですから、国連総会の第一回決議が、核兵器の廃棄を謳《うた》ったことは、非常に自然なことだったと思います。

しかし五十四年たった今も、国連は、ほとんど当初と変わらない決議の繰り返しをしているにすぎない。国連はもう一度初心に帰ろう、二十一世紀の国連の最初の仕事は核兵器の廃絶としよう。このようなメッセージを、事務総長がぜひ発してほしい。「アボリション二〇〇〇」は手紙の最初にこのように指摘しました。

先ほどのバトラー氏の転換を考えれば、冷戦の終結は、まさに大きな転機だったはずです。人間の憎悪と敵意、恐怖などが増殖していく関係のなかでこそ、核兵器を受け入れることが可能であったと彼は言っていますが、その根本的な敵対関係が、冷戦の終結によって氷のように溶けたのですから、核兵器を廃棄する新たな機運をつくるチャンスだったはずです。しかし残念ながら、そのチャンスを逃したと、今は、いったん認識しなければならないと思います。

宇宙空間の軍事化が生む「不信の芽」

しかし、冷戦の教訓を生かすことはできるはずです。というのも、今、新しい「不信の芽」が生まれつつあるからです。アメリカとロシアの関係に、非常に危険な芽が芽生《めば》えつつあります。いろいろな要素がありますが、一番大きな要因は、宇宙の軍事化をめぐる問題だと思います。この問題が、恐らくアメリカとロシア、それに中国も含めて、根本的な不信を増幅していく芽になっていくと感じます。

宇宙空間には、すでに軍事衛星が飛んでおり、軍事的利用が始まっています。偵察をするためのさまざまな手段を、宇宙を通じて使っているのです。まだ、これは汎用技術の延長で、軍事利用と平和利用の境目が非常にあいまいな状態で進行しているという側面があります。しかし、これが宇宙による軍事的優位というものが公然と評価されるようになっていくと、とめどない競争が始まると思います。

その芽として出てきているのが、今、アメリカで猛烈な勢いで配備されようとしている、弾道ミサイル防衛という技術です。このミサイル防衛に、ロシアや中国が非常に強い拒否反応と警戒心を示している。このエスカレーションは、深い不信関係につながっていく可能性が高い、第一の心配の種だと思います。

冷戦時代の教訓を考えたときに、相互不信に発展する前に、一日も早く人類の英知を働かせなければならない。そのために何よりも必要なものは、民衆の声、市民の声です。

核技術拡散の時代

もう一つの危険な要素は、二十一世紀が核技術の新たな「拡散の時代」になる可能性が高いということです。

現在、地球上には国家規模以下の小さな武装集団——例えばこの前、キルギスで日本人が拉致《らち》された事件がありましたが、あの集団のように戦闘能力と武力装置を持つ集団が、たくさんあります。こういう武装集団と核技術の結合は、いつ表面化してもおかしくないのが現状です。

これは、一般にはさほど深刻に考えられていないと思うのですが、多少、技術的な知識のある人にとっては、大げさに言えば日々恐怖といってもいいぐらいの危機的な状況にあります。核技術を軍事目的に利用する新たな局面が、国家以下のレベルで表面化する可能性について、私は警告したいと思います。

例えば、ごく初期の原子爆弾製造の実験に関する文献を見ると、本当に初歩的な実験を町工場のようなところでやりながら、爆弾技術を開発していますが、このようなことは、既にさまざまな文献に書かれていて、だれもが知ることのできる技術になっているのです。

また最近、核物質、とりわけ使い道の明確であるプルトニウムがあり余っています。日本も、そのような状況にある代表的な国の一つです。ロシアでは解体した核兵器から出てくるプルトニウムの管理が、非常にずさんであるとして問題になっています。それを改善しようと、国際的な努力も行われていますが、現状について専門家は非常な不安を感じています。

例えば、プルトニウムを爆弾目的に利用する際、同じプルトニウムでも、核分裂に好都合な239という同位元素の中に、プルトニウム240などの不純物が含まれています。今は、不純物が三%や二%程度の非常に高純度のプルトニウムが核兵器に使われていますが、実際は、そんなに純度が高い必要はありません。というのも、「臨界質量」といって、一定の質量になると核分裂反応の自己増殖が起こり、爆弾として使えるようになるのです。たとえ純度が低くても、その分「臨界質量」を超える質量があれば、核爆弾はつくることができます。プルトニウムの場合、プルトニウム239の純度が多少低くても、「臨界質量」は、そんなに大きくならないという性質があるのです。

日本の発電用原子炉で、核燃部を燃やした後に残る使用済み核燃料の中にも、プルトニウムがたまっています。そのプルトニウムを化学的に抽出《ちゅうしゅつ》すると、純度は落ちますが、核爆弾をつくることは可能です。つまり、プルトニウムは、抽出さえできれば、だれにでも爆弾がつくれてしまうという物質なのです。こういう物質が、厳しく管理されているとはいえ、世界中にあり余っている。原子力発電量が増えれば増えるほど、こういうプルトニウムは世の中に氾濫することになります。

今、プルトニウムを管理するために知恵が絞られていますが、複雑多様化していく国際社会の中で、「恐怖」や「敵意」という「落とし穴」にはまり込む集団は、まだまだ幾らでも出てくるでしょう。そのような集団が、相互不信や憎悪が増殖していく中で、こういうものを入手すれば、核兵器に転用される危険性が生まれます。

ちなみにウランの場合は、ちょっと純度が落ちると、「臨海質量」は莫大な大きさになります。ですから核兵器への転用は難しく、比較的、核兵器の拡散に対しては抵抗力があります。しかしプルトニウムは、ほとんど抵抗力がないのです。

目覚ましく進歩し、核兵器の拡散の危険を増大させた技術のもう一つの例として、パソコンを挙げることができます。核兵器開発の初期のころ、今、私たちが使っているような家庭用のパソコンの能力をもったコンピュータですら、世界で有数のコンピュータでした。そういう意味でも、核兵器拡散の条件を備えた社会が、二十一世紀社会だと言えると思います。

核兵器の禁止が唯一の道

こういう状況に対して、解決への道は、ただ一つです。それは、核兵器を法的に禁止することです。禁止しても、こっそりやれば同じではないかと考えられるかもしれませんが、禁止すれば、こっそりやれなくする「しきい」を、格段に高くすることができます。

現在、核物質の管理がなぜ難しいかというと、核兵器を持っている国が合法化されているからです。核兵器を持っている国は、持っていることを自慢しているくらいです。核拡散はいけないと言いながら、国連の常任理事国は核兵器保有を続けている。世界をリードする国が核兵器を持っているわけですから、〝核兵器の価値〟は非常に高いわけです。このように、核兵器を持っている国の存在が許されていることが、核兵器を禁止するシステムを、非常に複雑化しているのです。

〝核兵器は人類の敵であり、それを持っている国は野蛮で最も遅れた国である〟という価値観が普遍化すれば、核兵器の秘密開発や所有を告発する市民が、広範囲に生まれてくるでしょう。すべての市民の目が〝監視の目〟になり得るような世界が実現するでしょう。

ですから、二十世紀を教訓として二十一世紀を展望したときに、一日も早い核兵器の禁止こそが、私たちが声を大にして言うべき課題だと思います。

「アボリション2000」が掲げた五項目

では、そのために何をしたらいいのでしょうか。冒頭に少し紹介しました、「アボリション二〇〇〇」が国連事務総長にあてた手紙の中身を詳しく見ることによって、そのことがよく分かると思います。五つのことを「アボリション二〇〇〇」は要請しました。

第一は、〝効果的な検証と執行のための条項を持ち、定められた時間の枠内であらゆる核兵器の段階的な削減を行うことを要求するような、核兵器禁止条約の早期締結《ていけつ》につながる多国間交渉を直ちに開始すること〟。

短く言うと、核兵器を禁止する国際条約の交渉を、直ちに開始してほしいということです。しかし、現にある核兵器を、いきなりなくすことは現実的に不可能なので、時間の枠を決めて、段階的な削減を実行するようなプロセスを決めた条約が必要だということです。そして、実際に減らしたことを「検証」できるようなシステムと、強制力をもった「執行」のための条項がなければならないと言っています。

これまでの核軍縮交渉の例を見ると、交渉のテーブルについても、実現するのに数年はかかってしまう。ですから、とにかく一日も、一刻も早く、そういう場を持ってほしいというのが第一の要求です。

そのうえに立って、現にある核兵器に関して、いくつかの要請をしました。

まず第二に挙げられている、〝外国の領土や国際海域からの、あらゆる核兵器の撤去。警戒態勢の全面的な解除〟です。

今、アメリカ、ロシア、イギリス、フランス、中国という、国連の五つの常任理事国が、公然と核兵器を持っています。そのほかにインド、パキスタン、イスラエルが事実上、持っていると考えられています。その中で、「外国の領土」に核兵器を置いているのは、アメリカだけです。この撤去を求めています。また「国際海域」、すなわち、自分たちの領海の外の「公の海」に核兵器を配備することに関しては、アメリカやロシアの潜水艦がそうですし、規模は小さくなりますが、イギリス、フランス、中国も当てはまります。すべての核兵器国が、公の海を核の発射基地にしています。それをやめろという要請です。

また、今でも一触即発の警戒態勢で、数千発の核兵器が配備されています。とりわけ潜水艦発射弾道ミサイルは、今この瞬間にも、数秒で発射できる態勢を、アメリカもロシアも維持しています。そういう「警戒態勢の解除」も要請しています。

第三は、〝いかなる方法にせよ、核兵器のさらなる設計、開発、実験の停止。あらゆる核実験場の閉鎖。宇宙の核軍事化の停止〟です。

「核実験禁止条約」は一応、締結されましたが、それを発効させるための障害は、いまだに取り除かれていない、というのが現状です。しかし、一応すべての国が、今のところ核実験を再開しないという約束をしているので、核実験停止状態にはなっています。ところが、「未臨界実験」と呼ばれる、爆発を伴わない核兵器実験を、「核実験禁止条約」の禁止条項には含まれていないということで、ロシアもアメリカも行っている。ほかの国も類似する実験をやっている恐れがある。また、「未臨界実験」以外にも、核兵器を実験する方法はいろいろとあって、アメリカでは巨額を投じて新しい大型装置を建設して、核爆弾をシミュレートする態勢を強化しています。それらの中止を求めるのが三番目の要請です。

第四は、〝核兵器の不使用の誓約。核抑止論の非合法性、反道徳性、無責任さを認める宣言への誓約〟で、核兵器は使わないという誓約を、それぞれの国がしてほしいという要請です。

「核抑止論」については、国際司法裁判所が一九九六年に、非合法であるという勧告的意見を出しました。核の威嚇は、使用と同じように非合法であるという見解です。その見解を尊重せよということです。

また、無差別大量殺戮を前提として成り立つ「核抑止論」は、反道徳的なものである。更に「核抑止論」の「無責任さ」とは、先ほど紹介したバトラー氏の言う「ギャンブル」という意味でしょう。つまり、あたかも理論であるかのように言うけれども、実は理論的な根拠はほとんどない、無責任な言い分だということです。以上のような「核抑止論」の誤りを明言してほしいというのが、四番目の要請です。

これに関しては、日本政府も対象となっていることを忘れてはなりません。日本政府はアメリカの核の傘によって日本を防衛するという立場を取っています。つまり、核抑止論を肯定して、それによって日本の安全を守ろうという立場ですから、日本政府自身の考え方も改めるように、私たちは強く求めなければならないと思います。

第五は、〝核の開発に使われている費用を、核の開発によって汚染された環境の回復と、その過程で苦しみを受けた人たちへの補償のために使うこと。資源を環境回復と人的補償のために使うことを求めています。

以上の五つの項目を掲げて、国連の二十一世紀に向けた核兵器廃絶の姿勢を、ぜひとも明らかにしてほしいと、「アボリション二〇〇〇」は事務総長に要請したのです。この考え方を貫くことが、いまＮＧＯが核兵器廃絶のために取るべき道であると思います。

核廃絶への日本の役割

最後に、日本の役割、日本人の役割について話したいと思います。

今年の四月二十四日から五月十九日、ニューヨークの国連本部で「核不拡散条約」の再検討会議が開かれます。これは、五年ごとに訪れる核兵器廃絶のための国家間会議と言っていいでしょう。非常に重要な会議です。「核不拡散条約」というのは、いろいろ欠陥があって批判される側面もありますが、それでも非常に大事な国際条約です。なぜなら、第六条で、核兵器保有国が核兵器を廃棄するために誠実に交渉しなければならない、ということを謳っているからです。

現在、核兵器保有国に対して核兵器廃棄の義務を定め、国際法的拘束力のある核兵器廃絶規定を設けている国際条約は、この条約ただ一つです。ですから、この第六条を活用して、核兵器国の核兵器廃絶を迫っていくという筋道が一番、分かりやすいと思います。

この会議は、今度で第六回目になりますが、過去の五回の会議で日本政府が何をしたかというと、決して私たちが望んでいるような被爆国としての積極的な役割を果たしてはいません。もっとも果敢に核兵器廃棄のために頑張ってきた国は、いわゆる非同盟諸国と呼ばれている国々です。

ところが、今年の会議は新しい要素を含みます。それは、「新アジェンダ連合」という新しい国家群が登場したからです。九八年六月に八つの国が、自分たちは核兵器廃棄のために全力を尽くすという名乗りを上げて、「新しいアジェンダ」という声明を発しました。

その新しい国家群とは、ブラジル、エジプト、アイルランド、メキシコ、ニュージーランド、スロベニア、南アフリカ、スウェーデンです。スロベニアが核兵器国からの圧力のために撤退しましたので現在七カ国です。八カ国が名乗りを上げる前に、日本政府にも加わってほしいという要請がなされましたが、声明には賛同できない部分があるということで、日本は加わりませんでした。非常に残念なことだと思います。

「新アジェンダ連合」は、非同盟運動に属している国もありますが、いわゆる西側の軍縮に熱心な国が加わっているということで、まったく新しい国家の組み合わせとなりました。しかも核兵器廃棄のためという、非常にはっきりとした目標を掲げた国家群ができたわけで、これが今年の「核不拡散条約」の再検討会議に、どういう役割を果たすかが注目されています。

これまでの彼らの議論は、非常に果敢で新鮮なものを含んでいます。しかし国家間交渉で成功を収めるのは、なかなか大変です。彼らがいかに説得力のある提案をするかは、世界の世論、市民の声が、どれだけ「新アジェンダ連合」が頑張れる雰囲気を作ることができるか、に関係するでしょう。

日本政府は、核兵器禁止条約が一日も早くテーブルに乗るよう先頭に立って働き、できるだけ「新アジェンダ連合」と協力をしながら、日本の市民の声を反映させてほしいと思います。

最近、核兵器廃絶を求める日本の市民の声がいかに強いかということを経験しました。「核兵器廃絶二〇〇〇年キャンペーン」という、二〇〇〇年こそ核兵器廃絶のための重要な年にしよう、日本人にこそ、その使命があるんだという声明を出しました。これまで、こういう問題に発言していなかったような著名人も含めて、署名者を二千人集めようとしました。

これについて記者会見もしたのですが、残念なことに、非常に小さい記事にしかならなかった。ところが、その記事が出た朝、事務所の電話が鳴りっぱなしになりました。その日に電話が四十四本、翌日二十六本かかり、数日間で、協力したいという電話の数は百本にものぼりました。

このような市民運動の力が強まらなければ、政府は動かないと思います。もちろん、理論的な説得をするための議論も必要ですが、やはり単純明快に、〝核兵器はあってはならない。これを廃棄することは、理性のある人間の当然の選択である。被爆国日本が、なぜこの問題のリーダーシップをとれないのか〟という声を上げることが必要です。そのような声で政府を強く包囲し、行動を促すのが日本の市民の役割だと思います。

核についての非常に強い嫌悪感と、自分たちこそ何かしなければいけないという義務感の強さからいうと、日本に比べられるような国は他にないと思います。しかし、日本の市民運動は、「政治との結合」、あるいは「政策を動かす力」が弱い。世論をもっと直接、政府に伝える努力が必要だと思います。

二十一世紀を迎える中で、人間はまだまだ「核の落とし穴」にはまり込んでいく危険にあると考えざるを得ません。人間が陥っているこの悪循環を繰り返さないために、一人ひとりに何ができるかということを、宗教に携わる人の立場で、ぜひとも考えていただきたい。そして、核兵器廃絶のための大きな運動をつくっていただければと思います。

II

●連続講座Ⅱ—①

現世教としてのマスメディア

村上直之

村上直之（むらかみ・なおゆき）
神戸女学院大学教授。一九四五年高崎市生まれ。
京都大学教育学部卒。京都大学助手を経て現職。
著書『花のおそれ』『近代ジャーナリズムの誕生—
イギリス犯罪報道の社会史から』等。

宗教家が〝ジャーナリスト〟だった時代

五年ほど前に、私は『近代ジャーナリズムの誕生』（岩波書店）という著書を上梓《じょうし》しました。イギリスにおけるジャーナリズムの歴史をさかのぼることによって、近代ジャーナリズム、ひいては「言論の自由」というものの成立過程を浮き彫りにした本です。

当初、私が構想していたのは、十九世紀初め、「言論の猿轡《さるぐつわ》」と呼ばれた新聞印紙税、広告税、用紙税などの「知識への課税」を撤廃に導き、「言論の自由」の最期の勝利をもたらした改革者たちが、同時に、国家警察の新設（有名なスコットランドヤードがその最初です）に尽力したのとまさに同一の人物たちであった。つまり、警察と近代ジャーナリズムとは同一の政治的プログラムのもとに誕生したという、アイロニカルな歴史的事実を明らかにすることでした。

一冊の本にまとめるまでには、十年以上もの間イギリス・ジャーナリズム史について調べ続けましたが、そのプロセスで気づいたのは、「近代以前に現代のジャーナリストと同じ役割を果たしていたのは、宗教家であった」ということです。それに近い仮説をあらかじめ立てていたわけではなく、ジャーナリズム史をさかのぼるうちにそうした結論にたどりついたのです。それは私にとってもまったく意外な発見でした。

イギリスで最初に活版印刷の出版物を手がけたのは、ウイリアム・カクストンという十五世紀の商人です。彼は、数多くの手写本を活字本に転換するとともに、貴族たちの愛好品でしかなかったフランス語の小説《ロマンス》を、自ら英訳して活字本で出版し、一般大衆の読み物に換えて成功を収めました。そこからイギリスに大衆的な活字文化が生まれ、十六世紀にはいまの新聞の原型のようなものが登場します。「ブロードサイド」と呼ばれる民衆の読み物がそれです。たとえば災害や大きな事件が起こったとき、それを報じる「ブロードサイド」が出回り、売り手たちがフィドラーという弦楽器を弾いたり笛を吹いたりして歌いながら町々を売り歩きました。つまり、日本の「瓦版《かわらばん》」にあたるものですね。

そして、この「ブロードサイド」の中身を書いていたのが、主に牧師さんや監獄の教誨師といった宗教者たちだったのです。

なぜ書き手に宗教者が多かったのか、不思議に思う向きもあるでしょうが、考えてみればそれは自然な成りゆきだったのです。イギリスはキリスト教国であるし、牧師たちにとって災害や事件のニュースは説教の格好のテーマです。そして、人々が集って牧師の説教に耳を傾ける教会という場所は、宗教的空間であるのみならず、現代におけるマスメディアの役割をも果たしていました。「社会でいま何が起こっているか」を、多くの人々は教会で牧師の話によって知ったのです。したがって、初めて活字文化が花開いたとき、宗教者たちが「ブロードサイド」の書き手となったのも、べつだん不自然なことではなかったわけです。

読者の「時間感覚」の変容

「宗教者がジャーナリストの役割を果たす時代」は、数世紀にわたって続きました。その時代が終わったのは、十九世紀半ばの大衆新聞の登場によってです。近代ジャーナリズムは、「言論・出版の自由」の旗手として、また民主主義のパイオニアとしての役割を担って華々しく登場したわけですが、同時に、宗教者たちの重要な役割を一つ簒奪《さんだつ》することにもなったのでした。

近代ジャーナリズムと、それ以前の「ブロードサイド」などでは何がちがうかといえば、最も顕著なちがいは時間感覚にあります。

「ニュース」という英語自体が「新しさ」のニュアンスを含んでいるとおり、現代の我々が日々大量に消費しているニュースは、新しいからこそ「ニュース」なのです。朝刊が届くと前日の新聞は急にどこか古ぼけて見えるように、情報の新しさにこそ価値がある。だからこそ新聞記者たちも、他紙よりも一歩でも早い報道をしようとしのぎを削っているわけです。

ところが、近代以前の「ブロードサイド」などに載ったニュースは、「ニュース」ではあっても新しさに価値を置いていませんでした。

さきほど私は、「事件が起こると、それを報じるブロードサイドが売られた」と言いました。そんなふうに言うと、いまのワイドショーのように「こんな事件で、犯人はこういう奴で……」と微に入り細を穿《うが》った速報を思い浮かべるでしょうが、当時の事件報道はそうではないのです。

現代の事件報道なら、人々の関心は事件が起きたその日に最も集中し、犯人逮捕を境にだんだん薄れていきます。何年かのちにその犯人が死刑になったとしても、たいていの場合、新聞はベタ記事で報じるくらいでしょう。事件直後の人々の関心がかりに一〇〇だとしたら、「その犯人がどんな判決を受けるか、どんな刑に服するか」への関心は、まちがいなく十以下、せいぜい二から三くらいでしょう。

ところが、近代以前の「ブロードサイド」の場合、一番よく売れたのは、罪人が刑場で絞首刑に処せられた日の様子を報じたものでした。処刑の直前、その罪人がどんな言葉で罪を悔いて泣いたか、その「ラスト・ダイイング・ワード（死を前にした言葉）」を報じたブロードサイドが、一番の〝売れ線〟だったのです。

このちがいが如実に示しているのは、時間感覚の相違です。

近代以前のニュースの場合、それを読む人々の目は、現在よりも過去に向けられていました。〝学ぶべき教訓はつねに過去の中にある。いまより過去のほうが素晴らしい〟というのが当時の人々の暗黙のコンセンサスで、だからこそ、事件報道でも処刑の日のニュースにこそ関心が集まったのです。罪人の「懺悔の言葉」を読む人々の目は、〝あんな罪人と同じあやまちを犯さないようにしよう〟と、過去から教訓を引き出そうとする目だったのです。

逆に、現代の事件報道の場合、人々の関心は過去ではなく現在に向けられています。過去から教訓を得ようとする姿勢はそこにはなく、新しい情報を、目の前をただ通過させるように消費するのが、我々のニュースに対する接し方です。

この時間感覚のちがいこそが、近代ジャーナリズムとそれ以前とを分かつ最大の相違点なのです。

なぜ「新しさ」が価値になったのか？

「ニュース」という言葉は、エリザベス一世時代のイギリスで生まれたものです。十六世紀の後半ですね。シェイクスピアの演劇に代表されるイギリス・ルネサンスの最盛期であり、また同時に、英国の商工業が空前の発展を遂げた時代です。その発展を支えた一つの要因は、この時代、世界に先駆けて成立した時間労働制でした。つまり、労働者の賃金が、この時代のイギリスにおいて初めて時間単位で支払われるようになった。それ以前は出来高払いしかなかったのです。このことが後の十八世紀に世界最初の産業革命がイギリスで始まる遠因となるのです。

さらにまた、時間労働制の登場は、人々の生活感覚の一大転換でした。人々はそれまで、「日が昇って朝になり、日が沈んで夜が来る」という自然のリズムの中で生きてきました。それが、この時代になって初めて、機械の時計が刻む人工のリズムに支配されるようになったのです。

時間労働制における時間は、直進的で均質です。朝の一時間も夕方の一時間も、のっぺらとして均質の同じ一時間でしかない。いわば、日々の暮らしの中で感じる〝時間の流れ方〟が、この時代を境に大きく変わったのです。まさにその時代に「ニュース」という言葉・概念が生まれた。このことはけっして偶然ではありません。

近代ジャーナリズムの時間感覚がそれ以前と大きく変わった最大の原因も、時間労働制の導入による時間感覚の変容にあったと、私は考えています。

「新しさ」にこそニュースの価値があり、新聞記者やテレビのリポーターなど、マスコミ人たちはこぞって、新しい情報を毎日血眼になって探しています。そこで、改めてこんな問いを立ててみましょう。「ではなぜ、新しさにニュースの価値があるのか？」と……。私が考えるに、それは、現代人にとっての時間があまりに均質で単調になってしまっているからです。

ここでチャップリンの映画『モダン・タイムス』を思い浮かべていただくと、私の言わんとすることがよく伝わると思いますが、機械の時計に支配された私たちの時間は、自然のリズムが支配していた前近代の時間に比べて、非常に単調です。時間の問題を扱ったミヒャエル・エンデのファンタジー『モモ』に登場する「灰色の男」ではありませんが、近代以降の人間にとっての時間はいわば「灰色の時間」、「モノトーンの時間」なのです。だからこそ、その単調な「灰色の時間」に彩りを与える「新しさ」を、人々はつねに求めるようになったのでしょう。

現代のニュースの一つの役割、というよりも最大の役割は、直進的で単調な機械的時間にリズムをつけ、アクセントを与えることです。我々は日々ニュースを消費することによって、いわば「感情の更新」をしている。自分の心を、ニュースのリズムによってリセット／リニューアルしているわけです。

もしもニュースがなかったら、新聞やテレビなどのニュースにまったく触れることがなかったら、毎日の単調さは耐えがたいものになるのではないでしょうか。「生活に必要な情報を得る」ということは、ニュースの役割の中で二次的なものであって、「新しさ」に触れることそれ自体、「生活にリズムをつけること」のほうが、じつは一次的役割なのです。

このことは、すでに多くのマスコミ研究者の間でよく知られている事実です。まだラジオもなかった時代のニューヨークで、新聞輸送会社のストライキのために、新聞が配達されない日々が一週間ほど続いたことがありました。早速、マスコミ研究者たちはニューヨーク市民にアンケート調査を実施しました。さぞかし不便を感じたにちがいないという仮説の下に質問項目を作成したのですが、調査結果は、新聞がなくとも生活に必要な情報にはまったく困らなかったという事実でした。では、ニューヨーク市民が何に不便を感じたかというと、人々が日々交わすおしゃべりのための共通の話題に困ったという結果だけが明らかになったのでした。

もう一つ、私の体験例を挙げれば、阪神大震災のときの報道です。

私自身、阪神大震災をじかに体験した一人です。あの日、私は『近代ジャーナリズムの誕生』の校正のため、大学の研究室に泊まりこんでいました。そして、地震で書棚が倒れて本の山に埋もれてしまい、朝まで身動きが取れずにいました。

被災者の一人としての目で震災報道を見ると、その大半は被災者にとってなんの役にも立たないものでした。私は、震災報道に対してずっと腹を立てていた一人です。私たちはふだん、「生きていくために必要な情報をマスメディアから得ている」と考えているし、マスメディアの側もそう主張しますが、阪神大震災においては、マスコミ報道よりも被災地の張り紙のほうがよっぽど「必要な情報」を提供してくれました。

多くのマスコミ人は、「この災害の模様を全国に伝えなくては……」という使命感に燃えて報道にあたっていたはずです。私はその誠意を疑うものではありません。にもかかわらず、報道の多くは被災者にとって役に立たなかった。なぜそうなってしまったかといえば、「What's new? What's next?」という「新しさ」に最大の価値を置く現代のニュースの本質のせいです。情報の「新しさ」など被災者にとっては二の次ですが、逆にマスメディアにとってはそれこそが最大の価値なのです。そのギャップによって、大半の震災報道は「役立たず」にならざるを得なかったのです。

ニュースが「欲望の更新」をする

ニュースが「新しさ」を至上の価値としたもう一つの重要な理由として、工業社会の要請がありました。「ニュース」という言葉とほぼ同時期に成立した工業社会は、商品の大量複製生産に支えられた社会です。「モノを作り、売る」というくり返しが、あらゆる場所で高サイクルで続いていかなければ、工業社会は存続の危機にさらされます。そして、製品が順調に売れ続けるためには、「この商品は前の商品より新しい。だから価値がある」と大衆に思わせ続ける必要があるのです。

たとえば、「夏に海に出かけるためには、今年流行の水着を着ていかなければ恥ずかしい」と、多くの女性が思いこんでいます。だからこそ、夏が近づくたびに大量の新作水着が登場し、売れるわけです。かりに世の女性の大半が「何年前の水着だろうと、着られればそれでいいわ」という人だったら、メーカー側が困ってしまうわけです。

同様に、世にあふれ返った商品の大半は、人々が新しさを価値と見做していればこそ、商品として成立しています。車、週刊誌、ポップ・ミュージック……みんなそうですね。「ちゃんと走る車かどうか」だけではなく、「カッコイイ新車かどうか」に人々の関心が向いているからこそ、メーカーは次々と新しい車を開発するのです。「車なんか、走ればそれでいい」という価値観の人ばかりだったら、いまのこの社会はそもそも成り立たないのです。

「新しさに価値がある」と人々に思いこませるため、直接に作用するのはもちろんさまざまな広告ですが、日々のニュースこそ、より深層のレベルでこの〝大量複製生産社会〟の維持に寄与しています。

「我々はニュースによって『感情の更新』を行う」とさきに言いましたが、それは言い換えれば「欲望の更新」でもあります。我々の感情を更新し、欲望を更新して、そのことによってこの社会を維持するための一つの「システム」が、いまのマスメディアなのです。

ニュースと広告は、車の両輪のようなものです。たとえば、新聞はもともと広告なしには成り立たないものですが、いまどきの新聞は紙面のじつに約半分が広告によって構成されています。そのこと自体、ニュースと広告がともに「新しさ」に価値を置き、ともに「人々の欲望の更新」という役割を担っていることを、象徴しています。

宗教を憎悪するマスコミの〝体質〟

「近代ジャーナリズムは、宗教者が担っていた役割を簒奪する形で成立した」とさきに述べました。そうした成立の経緯と、現代のマスコミによる宗教報道が総じてひどく偏っていることの間には、深い関係があると私は考えます。

宗教報道が偏っているというより、いまのマスコミには、宗教団体を憎悪《ぞうお》する根深い体質のようなものが感じられます。

私はかつて、「白虎社」という前衛舞踏グループの活動に、顧問格の形でかかわっていたことがあります。白虎社はのちに国際的にも高く評価され、世界各地の国際演劇祭に招待されるまでになりますが、私が顧問をつとめていたころはほとんど無名の存在で、マスコミにも、〝得体の知れない魑魅魍魎《ちみもうりよう》のような集団〟としてネガティブな形で取り上げられるのみでした。メンバーの一見異様な容姿——男は坊主頭《ぼうずあたま》、女は蓬髪《ほうはつ》で、男女ともに眉を剃っている——などが、興味本位で報じられることが多かったのです。

白虎社のメンバーたちは、リーダーの大須賀勇を中心に京都東九条の稽古場で集団生活をしていました。メンバーには未成年も多く、彼らの中には、家族との間のトラブルを抱える者も少なくありませんでした。当時は、あの「イエスの方舟《はこぶね》」をめぐって多くのマスコミが狂奔していた時期です。マスメディアによって、白虎社に「第二の『イエスの方舟』」というレッテルが貼られ、〝反社会集団〟として糾弾される可能性は十分にありました。実際、私は当時、ある全国紙の記者から、白虎社の活動についてそうした角度で取材を受けたこともあります。

けっきょく、二、三のメディアに面白半分の揶揄《やゆ》的な記事が載ったくらいで、白虎社が「イエスの方舟」のようにマスコミの攻撃にさらされることはありませんでした。「イエスの方舟」に対してはあれほど熾烈《しれつ》をきわめたバッシングの矛先が、白虎社に向けられなかったのはなぜか？　当時の私には判然としなかったその理由が、いまならはっきりわかります。「白虎社が宗教団体ではなかったから」です。

そして、マスコミ、とりわけ日本のマスコミに根強い「宗教憎悪《ぞうお》体質」の背後には、近代ジャーナリズムの本質にかかわる問題が横たわっていると、私は考えています。

マスコミ人は「現世教」の司祭である

近代以前には宗教家がジャーナリストの役割を果たしていたことを発見したとき、私の頭に一つの仮説がひらめきました。「現代のジャーナリストも、ある種宗教的な役割を果たしているのではないか？『ブロードサイド』を書いていた宗教家たちに取って代わったジャーナリストたちは、同時にその宗教的側面をも受け継いだのではないか？」――そんな仮説です。言いかえれば、「近代ジャーナリズムも、一つの宗教なのではないか」と、私は直観的に思ったのでした。

社会学という学問の重要なテーマは、犯罪と宗教です。社会学の祖であるマックス・ウェーバーやデュルケムも、宗教について思索し抜いた人たちでした。私も社会学者の一人なので、「社会を見るときに、宗教の相からも眺めなければ本質的なことはわからない」と考えており、そのためにこういう仮説が頭に浮かんでくるのかもしれません。

ともあれ、「近代ジャーナリズムは宗教ではないか？」との仮説を立てていろいろ調べていきました。すると、何を調べても、その仮説を裏づけることしか出てこないんですね。

いまでは、仮説というより明確な結論として、「近代ジャーナリズムは一つの宗教である」と、私は考えています。

では、近代ジャーナリズムとはどのような〝宗教〟なのかといえば、一言でいえば「現世教」です。人々に「現世がすべてであり、新しさにこそ価値がある」と思いこませ、「いま、そしてここ」へと執着させ、世俗的な欲望ばかりをかきたてる〝宗教〟が、現代人の生活を支配しているのです。それは、イザヤ・ベンダサンの提唱した「日本教」の概念同様、空気のように生活の中に溶けこんでいて、人々に意識されない、いわばアメリカの宗教社会学者Ｐ・バーガーのいう〝見えない宗教〟です。

そして、ジャーナリストたちは「現世教」の司祭であり、彼らが日々送り出すニュースは、我々に与えられた「マナ」（聖書の「出エジプト記」に記された、イスラエル民族が神から奇蹟的に与えられたとする食物）にほかなりません。我々が毎日定期的に、新聞やテレビなどを通じて同じニュースを一斉に消費することこそ、近代社会を支える「現世教」の「集合儀礼」なのです。

伝統社会における宗教儀礼は、参拝者を教会などの場所に集めて行なわれました。しかし、「現世教」の宗教儀礼は、マスメディアを通じて、個々バラバラのままで行うことができます。そして、その儀礼で〝信者〟たちが拝跪する対象こそ、「現在」という時間そのものなのです。

多くのマスコミ人が根深い「宗教憎悪」体質を持ち、宗教団体に対する激しい攻撃をくり返す理由も、彼らを「現世教」の司祭ととらえれば明確になります。「現世教」の盲信者であるマスコミ人にとって、宗教者たちはいわば「異教徒」であり、敵なのです。

現代日本では多くの宗教団体がマスコミのスキャンダリズムの好餌となっていますが、近代におけるスキャンダリズムの起源も、じつは宗教団体への故なき攻撃にありました。十七世紀のイギリスにおいて、キリスト教系のセクトの一つである「ランターズ（喧騒派）」を中傷するニュース・パンフレットがどっと出回ったケースがそれです。パンフレットにはたとえば「ランターズでは飲酒や乱交が奨励されている」などとまことしやかに書かれていましたが、それらの中傷の多くは事実無根でした。一九七〇年代に入って、「自然に還れ」というヒッピー運動の高まりの中でランターズが再評価され、彼らが危険なカルト団体ではなかったことが、ようやくわかったのでした。スキャンダリズムの最初の標的が宗教団体であったというのは、興味深い事実です。

最後になりますが、新たなミレニアムを直前にした現在、私たちの時間感覚に大きな変化の兆しが顕れつつあるように思います。

第三の革命と呼ばれるインターネット時代を迎えている今日、マスメディアから「ニュース」という言葉の頻度が著しく減少していることにお気づきではないでしょうか。かわって頻発されているのが「情報」という言葉であることはご承知の通りですが、この言葉には本来「新しさ」の意味は少しも含まれていません。過去の人類の知的遺産のデータベースも「情報」なのです。

たしかに今後も工業社会は「感情の更新」と「欲望の更新」をたえず人間に要請しつづける直進的な機械的時間の支配する社会であることに変りはないでしょう。

けれども、インターネットに代表される情報メディアは過去の情報と現在の情報との時間的差異をたえず無化にすることによって、私たちの「今そしてここ」という時間感覚を大きく変容させつつあるのです。ヴァーチャルリアリティ（仮想現実）という言葉の真の意味は、情報メディアが私たちの時間感覚に及ぼしつつある、この大規模な変容のことなのです。二十一世紀の私たちは、かつての中世のように、寄せては打ち返す巨大な波動のような循環的な時間の中に生きることになるのかもしれません。

その時、定期的なニュースの莫大な量の消費という集合儀礼によって支えられた現世教としてのマスメディアの役割はもはや終焉を迎えていることでしょう。その時、新たな時代の宗教はいったいいかなる形態をとるのでしょうか。私には、実に興味深い時代が到来しようとしているように思われてなりません。

●連続講座Ⅱ―②

グローバル化と宗教間対話

ヤン・スィンゲドー

ヤン・スィンゲドー（Jan Swyngedouw）
南山大学名誉教授。一九三五年ベルギー生まれ。一九六一年来日。東大大学院博士課程修了。宗教学・宗教史学専攻。上智大講師・南山大学教授等を歴任。著書『日本人との旅』『「和」と「分」の構造』、共著『菊と刀と十字架と』等。

「社会をどう理解するか」が貢献の基礎

数日前、今日の講演のテーマである「グローバル化と宗教間対話」に即した質問を主催者の方からいただきました。私はそれらの質問を読んで非常に感銘いたしました。それは、これらの質問から、現代社会において宗教はどういう役割を果たすべきかなど、社会に果たす教団の役割を真摯《しんし》に考えている姿勢が感じられたからです。特に私が感心したのは、社会と宗教という関係をただ客観的に見るのではなく、創価学会のメンバーとして、社会にどう貢献できるかという使命感のようなものを、それらの質問から感じたことです。話の中で、これらの質問についても触れてみたいと思います。

私は研究者として、「グローバル化」等の問題について、皆さんの前でお話をさせていただくわけですが、一個人としては、カトリックの神父として、皆さんと同じく宗教を実践する信仰者であります。そして、創価学会の方々とは二十数年前からおつき合いをさせていただいてきました。しかし二十数年前には、本日の話で触れるような、「宗教間対話」

という言葉は全く使うことはありませんでした。時代は大きく変わってきたなという感を強くしています。そして、創価学会の皆さんとおつき合いをして一番深く感じますのは、信仰に対する確信でしょうか、それをすごく感じました。一度、『聖教新聞』紙上で、学会の方と対談をさせていただいたこともありますが、そのときの対談の中心テーマも、たしか〝信仰の確信〟ということだったと思います。

さて、本題に入りたいと思いますが、信仰者として、社会に貢献をなすためにまず要求されるものとは、何《なん》でしょうか。

それは、現在、私たちがどういう社会に住んでいるのか、この社会そして世界がどこへ向かおうとしているのか、そういう社会分析《ぶんせき》といいましょうか、社会に対する理解ではないかと私は思います。

そして、今回、私がお話をさせていただく「グローバル化」こそ、現在の社会を理解する際に、中心的な概念になっているものです。

「グローバル化」――日本語で言えば、「地球化」とでもいいましょうか、この「グローバル化」という言葉を聞きますと、皆さんは何を連想されるでしょうか。もうすでに一つのイメージが皆さんのなかにはつくられているのではないでしょうか。

現在、新聞、雑誌を見ますと、「グローバル化」という言葉は、経済の分野で非常に多く使われています。新自由主義的資本主義といいますか、これが世界中に今拡大しつつあります。昨年（一九九九年）のＷＴＯ（世界貿易機関）のシアトル会議のなかでは、こうした「グローバル化」についての会議が行われ、こうした動向に対し、開発途上国からの猛反発があったことは皆さんもご存じの通りです。やはり、これからの経済を考えますと、「グローバル化」は間違いなく〝時流〟だといえるでしょう。

このように経済の側面において「グローバル化」が、一種の流行語のようになっていることも事実ではありますが、ただ「グローバル化」という言葉には、もっと深い意味が含まれていると私は思います。

私は「グローバル化」という現象は、現在少なくとも三つの領域で顕著であると思われます。

三つの「グローバル化」

一つは今、挙げた「経済」。それから「政治」。それから「文化」ですね。「経済」「政治」「文化」という三つの側面を区別できます。マスメディア等の報道によって、あたかも経済の問題であるかのようにされてきましたが、政治、文化の領域でも現在、「グローバル化」が進んでいるのです。

例えば、政治といいますと、これは一つには権力の問題でもあるし、世界の政治的な構造と考えられます。現在、そうした政治の側面から世界を見てみますと、その中心はやはり民族国家が、その土台になっています。そして、「グローバル化」によって、こうした民族国家はどう変化していくかという問題が今盛んに議論されているのです。

「文化」の側面については、後で詳しく述べますが、文化も「グローバル化」の流れの中で、世界に数多く存在する文化をどう結びつけ、どう発展させるかという問題が出ています。つまり政治、経済、文化の領域で同時に「グローバル化」は進行しているのです。また、そのような状況下で、さまざまな問題が提起されていることは皆さんもご存じの通りです。

この「グローバル化」について、まず基本的なことから申し上げたいのですが、「グローバル化」の最も根本的な現象は、やはり地球が次第に縮小するといいますか、次第に狭くなるという現象といえます。時間的、空間的に私たちの地球は段々と狭くなっている。それが生活のさまざまな領域で現れてきているということです。

さらに、「グローバル化」という現象には、客観的な側面と主観的な側面があります。客観的な側面とは、今、申し上げた〝地球の縮小化〟です。マスメディアの発達によって、世界は大変に身近なものになりました。皆さんの家には、もちろんテレビがあるでしょうし、今なら、インターネットや電子メールによって、世界中のどことでも簡単に連絡が取れます。

このように「地球は狭くなった」という現実があるわけです。それと同時に、私たちの意識にも変化が生じています。つまり、世界をより身近に知ることで、私たちは地球に住む人間としての自覚、また地球に対する責任を感じるようになりました。

さきほど、会場に来る前に私は、「スィングドー先生はグローバルな人間ですね」と言われました。その方は私が明後日には、ヨーロッパ経由でカメルーンに行き、そこで講義をすることを知っていらっしゃるんですね。だから、そう言われた。たしかに私はその意味では地球を駆けめぐっているわけです。

意識のグローバル化

しかし、〝グローバルな人間〟というのは、どんな人間かをあらためて自問してみますと、何も地球の上を駆けめぐっているだけでは、〝グローバルな人間〟とはいえません。やはり、個人として、グループとしてでもいいのですが、地球に住む人間として、地球に責任を持っている——これが、〝グローバルな人間〟ということではないでしょうか。

例えば皆さんもよく感じられていることだと思いますが、地球環境問題がありますね。こうした問題は地球全体で考え、協力していく以外に解決法はない——このように一人ひとりが自身の問題として、地球のことを考えることが、「グローバル化」の主観的な側面です。

「グローバル化」のなかに、このように主客の両面が存在することを考えると、「グローバル化」の客観的な事実に対し、その主観的な側面として、私たちは自らの意識、責任感を深めていく必要性があることに気づきます。政治、経済、文化の領域にあっても、こうした「グローバル化」の両側面を常に認識し、私たちは考えていく必要があります。

そこで、問題となるのが、いわゆる普遍主義と特殊主義という問題です。世界の縮小化は、世界は一つという普遍主義を生み出しています。私たちは人間として共通であるという普遍主義、ある種の統一、統合へ向かうという流れがあります。

その一方、世界の多様性をだれもが自覚させられています。世界が縮小する過程において、世界に存在するさまざまな多様性と特殊性を私たちは発見するのです。〝世界は皆兄弟〟といった美辞麗句もありますが、やはり私たちは、自分たちと違う環境に育った他人と出会うと、やはり、「あの人と私は違う」ということを意識させられます。つまり、「グローバル化」によって、世界は一つになりつつあるが、同時に互いの差異を見せつけられているのです。ですから私たちはここで、難問にぶつかるわけです。それは普遍主義が進むなか、それぞれの特殊性、独自性をどう維持するかという問題なのです。

地球化とアイデンティティー

私がいただいた質問の一つをここで取り上げてみましょう。

それは、「宗教間対話を進めるうえで必要なことは何か。宗教としての独自性の維持と、宗教間対話の両立は可能か」という質問です。しかし、ここでは、宗教まで踏み込まず、文化の領域でとどめておきます。文化に当てはめると、この質問は、「異文化間対話を進めるうえで必要なことは何か。文化としての独自性の維持と、異文化間対話の両立は可能か」ということになります。

私ごとで恐縮ですが、私が来日してからすでに四十年近くが過ぎました。日本の方はお世辞がうまいから、「スィンゲドー先生はもう日本人になられましたね」と、よく言われます。しかし、私が感じているのはまったく反対のことなんです。私のなかでは今でも私が外国人であるという意識はますます強くなっているのです。

なぜでしょうか。それはアイデンティティーの問題だからです。

例えば、皆さんは「あなたはだれですか」と聞かれたら、どのように答えるでしょうか。私はフィリピンやアフリカでも教えていますから、そこで学生たちに同じ質問をします。ヨーロッパに行けば、そこでも若い人たちに同じような質問をします。おもしろいことに国によって違った答えが返ってくるのです。

ヨーロッパ、アメリカですと、こうした質問に対する最初の答えは、自分の名前を名乗ることです。皆さんの場合はどうでしょうか。自分の名前よりも、最初に自分の所属について答えるのではないでしょうか。この傾向はフィリピンやアフリカにも共通しています。

つまり、アイデンティティーには、さまざまな要素が含まれていますが、それぞれの文化で、その表れ方が違うのです。西洋文化では、今申し上げたように個人的な側面が強調される、したがって私も自分の名前をまず名乗るのです。一方、アジアやアフリカでは、個人的な側面を否定しているわけではありませんが、今申し上げたように、所属、帰属についてまず答えます。「ソーシャル・アイデンティティー」といいましょうか、会社であるとか教団であるとか、さまざまですが、そこに所属していることをまず明らかにします。

ここで、大切なことは、アイデンティティーは、その人の住む国、文化によって、さまざまな表れ方をするけれども、やはりその個人の中で維持されているということです。

経済の領域、政治の領域、文化の領域で、それぞれ「グローバル化」が進み、客観的な事実が築かれ、主観的な反応が生まれる。そして、そこには特殊性と普遍性の問題が提起されていますが、そこで私たちは、このアイデンティティーの問題に突き当たるのです。たしかに「グローバル化」に応じて、自らを変えていける部分もありますが、どうしても維持しなければならない要素は必ずあるわけです。

私は四十年近く日本に住んでいてもやはり自分の文化的な背景、私のルーツを捨てることはできないのです。もちろん日本の影響も受けました。それでちょっと変わった外国人になってしまった。たしかに私自身、積極的に日本的なものを受け入れてきました。しかし、あるものに対しては私はやはり「それはいらない」と主張します。これは自己のアイデンティティーの問題だからです。

特殊性と普遍性の問題を考えるうえで、私たちはどうしても、このアイデンティティーの問題から目をそらすことができないということを確認しておきたいと思います。

異文化との出合い

さて、再び、「グローバル化」に話を戻します。それは、「グローバル化」の結果、世界はどのような姿になっていくのかという問題です。これについては、いくつかのシナリオが用意されています。

最初に挙げるシナリオは、「世界は統合へと向かうが、その結果、それぞれの文化のアイデンティティー、独自性がはっきりしてくる」というものです。

ここで、問題になるのは、その多様な文化が互いにどのような関係を持つかということです。つまり、「グローバル化」は、文化の出合いを含んでいるのです。

では、それぞれの文化はどのような出合いをもつことになるのでしょうか。

これは宗教にも当てはまることです。詳しくはあとで触れたいと思います。ところで文化あるいは宗教の独自性の維持と、文化あるいは宗教の出合いについては、いつもそれらは両立が可能かという対立関係で捉えられますが、出合いというのは、実際には互いに違いがあるから可能になるもので、決して対立するものではありません。むしろ、異なる文化と出合うことは同じ文化同士では得られないさまざまな触発を与えてくれるものです。私の個人的な経験から申し上げても、自分と同じ文化を持つ人よりも、例えば日本人と出会うことの方がやはりたくさんの触発があって楽しいのです。自分自身が豊かになる感じを受けるのです。また、互いに違うからこそ、互いに愛することができるという言葉もありますね。先ほども申し上げましたが、私は二十数年前から、創価学会の方々とおつき合いをさせていただいていますが、いつも素晴らしい出会いをつくらせていただいています。

普遍主義と特殊主義の間の「緊張感」

文化の出合いは、このように、それぞれの文化の存在理由をますます強くさせるものであるといえます。

別のシナリオを見てみましょう。それは小さな文化は次第に滅び、世界はいくつかの大きな文明によって占められるというものです。

これは、サミュエル・ハンチントンが『文明の衝突』という本のなかで唱えている説です。彼は世界には十くらいの文明が残ると考えています。そして、彼は非常に悲観的ですが、それらの文明は互いに衝突するであろうと述べています。その大文明というのは、キリスト教世界、イスラム教世界、仏教の世界などです。

彼のシナリオは非常におもしろいのですが、こうした文明間の衝突をどう防ぐのか——私たちに課せられた責任に対し、だれしも無認識ではいられないでしょう。しかし、これも一つの未来像でしょう。

これとは異なるシナリオとして有名なものは、フランシス・フクヤマが考えたシナリオです。彼は『歴史の終わり』という本のなかで、「グローバル化」の結果、世界にはただ一つの文化だけが残り、それが世界中に広まるだろう、と述べています。これがどういう文化かというと、彼はアメリカ文化としています。

そうした兆《きざ》しはたしかにあります。「マクドナルドライゼーション」「コカ・コーライゼーション」という言葉を皆さんも聞かれたことがあるでしょう。今では学者も使っているようですが、一企業が世界を覆うという現象を私たちは目にすることができます。

このように、さまざまなシナリオが提唱されていますが、すでに示唆《しさ》したように、どのようなシナリオを選んでも、世界は次第に複雑化するということだけはたしかです。しかし現実はそれ以上に複雑になっていくことでしょう。理論を立てるのは簡単でも、現実はそれ以上に複雑なのです。

また、いずれのシナリオも否定しえないのは、普遍主義と特殊主義との間の緊張感はしばらく続くということではないでしょうか。「グローバル化」が進むなか、私たちは必ずこうした世界のさまざまな多様性の問題に直面するのです。こうした問題に私たちはどう答えることができるのでしょうか。

私は現在、アフリカのカメルーンにおいて「異文化間コミュニケーション」をテーマに講義を行っています。「異文化間コミュニケーション」といいますのは、簡単に申し上げると、異なる文化圏に属する人々の間で形成される人間関係を指します。違った見方をすれば、それはそれぞれの国の文化が、自身のアイデンティティーにどれほど影響しているかということを認識させることでもあります。したがって異文化間コミュニケーションを図るうえで大切なことは、一人ひとりが文化的感受性を深めていくということです。

異文化への「尊敬の態度」

ところで、日本の文化は、どの程度まで皆さんのアイデンティティーに反映しているでしょうか。ここにいらっしゃる皆さんは、創価学会のメンバーですが、同時に日本人ですね。また、創価学会は海外にもメンバーがたくさんおられます。皆さんからすれば、そうした海外のメンバーも、同じ兄弟姉妹のように感じられているかもしれませんが、私の知るヨーロッパの創価学会員と比較してみますと、やはり違った側面があります。同じ信仰をもつ人であっても、それぞれ自身の生まれ育った文化の影響は存在します。私も、やはり生まれ育ったベルギーの影響を強く受けています。長く日本に住み、日本の文化の影響を受けながらも、自身の文化的背景は消すことはできません。あまり意識することはないかもしれませんが、皆さんだってそうです。日本にいる間はそれはあまり感じないでしょう。しかし、これからは「グローバル化」の時代ですから、それを感じることが増えていくと思います。

また、宗教には、対抗文化(カウンターカルチャー)的な要素が必ずあります。それは創価学会も例外ではないでしょう。しかし、今、見たように人はだれでも自分の文化的背景を捨てることはできません。そこでおそらく、各教団において大きな課題となることは、それぞれがその国の文化に対する態度をはっきりさせる必要があるということです。これは避けられない問題です。そして、皆さんはやはり、日本人として、日本の文化は、どのように自身の中にあるのか、その文化的背景を考慮して、異文化との出合いを進めなければならないでしょう。

その際、異文化に対する態度は、尊敬の態度でなければなりません。また、「グローバル化」が進む社会にあって、こうした〝通文化的な能力〟がどうしても必要になってきます。

皆さんにお聞きしたいことですが、皆さんは、こうした能力にどの程度、自覚や認識があるでしょうか。「グローバル化」の進む社会においては、どうしても異文化社会との関係を模索していかなければなりません。私は日本に長く住み、ずっと感じてきたことですが、日本人に多い「島国根性《こんじょう》」的な態度はもはや捨て去る時代になったと思います。また、創価学会でも、「開かれた宗教」という言葉をよく耳にするようになりましたが、「グローバル化」の進む世界のなかで、まず自らの社会に対して大きく開いていくことが大切になってくるのではないでしょうか。

文化的な感受性と通文化的な能力。これを養うためにはやはり体系的な訓練が必要であるように思われます。私事ですが、日本に住む以上、そうした文化的な感受性は私にはどうしても必要でした。それがなければ、こうして日本に居続けることはできなかったでしょう。大変でした。でもそれは楽しいものでもありました。

「他人の目を通して見る」力

皆さんは、今以上に地球的な視野で考える時代を生きることになるのではないでしょうか。先ほど申し上げた「グローバル化」の主観的な側面というのはこれですね。私たちは世界に対して責任を持っている。日本人としてだけ考えているようでは不十分です。でも、これはまったく新しいものではありません。皆さんはすでに取り組んでおられます。〝世界平和〟を目指す創価学会の平和運動がそうです。ですから皆さんは、自らの運動に対する自信と、そのなかで得た反省点を生かしながら、自らの運動のなかに体系づけていけばいいのではないでしょうか。

一方、これを妨《さまた》げる要素もたくさんあります。特に挙げておきたいものとしては、自民族主義的傾向があります。これはだれにでもあるものです。私自身も、長く日本に住んでいながら、自分の国の眼鏡を通して日本を見ようとする傾向は今も非常に強い。学生たちに異文化間コミュニケーションを教えているけれども、自分自身がそれを実践するのはとても難しいのです。

そういう意味でも、自民族主義的傾向を超えて、他人の目を通してものごとを見ていく努力が必要です。もちろん実際には、自分の目を通してしか何も見えないわけだけれども、それと同時に他の人だったらどう見るか、どう感じるか、これらを考慮する必要があるということです。決して簡単なことではありません。

ここで、先ほどの質問、「宗教間対話を進めるうえで必要なことは何か。宗教としての独自性の維持と、宗教間対話の両立は可能か」という質問に戻ってみたいと思います。先ほど私は、宗教を文化と置き換えて考えました。そして文化間対話、つまり文化の出合いは、違いがあってこそ可能であることも申し上げました。つまり、文化の出合いを可能にするものは、独自性の維持であるということです。逆説的に聞こえるかもしれませんが、独自性の維持がなければ、文化間対話は生じないということです。

また〝交換〟ということも必要でしょう。互いに学び合うということです。私はアフリカに行って、現地の人を教育するだけではないのです、その人たちから学ぶこともまた多いのです。以上のことは宗教にも当てはまると思います。

宗教間の衝突？　対話？

再び、「グローバル化」のシナリオの話に戻ってみたいと思います。

「グローバル化」の結果、世界は統一ではなく、それぞれの文化が世界の文化に貢献するというシナリオも考えられています。世界には多くの文化が残り、それぞれが独自性を維持し、その独自性を通し世界の新しい統一に貢献するというものです。そのとき、宗教も決して無関係ではない。もちろん、さまざまな可能性はあるでしょうが、ある社会学者は、そのとき、それぞれの文化、社会を支える統合原理は宗教的なものになるというのです。つまり、民族文化を支える基盤が、宗教的、倫理《りんり》的な意味をもっているし、もたなければならないと考えられているのです。

先ほど挙げた、サミュエル・ハンチントンの説ですと、彼は十ぐらいの大文明が残ると考えていますが、それらの大文明がどう違うかというと、彼はそれは宗教であると言っています。そして彼はやはり悲観的に考え、それらが衝突せざるをえない状況になると言います。私たちは残念ながら、彼のこの説を否定できないような事例にしばしば直面します。現在、毎日のように報道されるインドネシア・東ティモールをめぐる問題でも、キリスト教徒と回教徒の間でさまざまな衝突が起きています。

さて、先ほどは触れませんでしたが、世界にさまざまな第三文明が生まれるだけでなく、それぞれの文化の中に文化的多様性が培《つちか》われていくというシナリオもあるでしょう。これは多文化的状況ともいえるものです。

その一例はアメリカ合衆国です（実際にはそれほどうまく機能はしていないようですが）。そして、こうした多文化的状況に宗教の側面を加えれば、さまざまな宗教が共存するということになります。

日本はどうでしょうか。日本の伝統的な仏教各派、神道、諸宗教も存在するし、キリスト教や、いまではイスラム教も少しずつ増えているようです。またこれらの宗教に反発する、例えばセクトやカルトも生まれ、メディアを騒がしています。このような多文化的状況があるのならば、やはり、さまざまな宗教が共存し、互いに出合うことになるでしょう。当然、宗教間対話の問題も出てくるのではないでしょうか。

最後に、この宗教間対話について少々申し上げたいと思います。この点では、キリスト教にもずいぶん大きな変化がありました。私が神学を学んだ一九五〇年代には、このような視点はほとんど皆無でした。しかし、その後、第二バチカン公会議からこうした議論は活発になり、その試みは現在にいたっています。

独自性があればこそ

創価学会はどうでしょうか。「グローバル化」が進む世界の中で、おそらく私たちは同じ問題に現在ぶつかっているのではないかと思います。

それゆえ、お互いに問題意識も非常に似てきました。そして、おのおのの独自性をどう維持し、対応していくか、それがこれからの重要な課題になっています。

しかし、私はこの場合にも独自性があるからこそ、出合いがあるし、違いがあるから対話が可能になると思っています。違いがなければ話し合う必要もないし、意味はないからです。また、違いがあるから互いに学び合うことができるのではないでしょうか。

そのために、一つの転換、一つの思考転換が必要でしょう。それは、これまで申し上げてきた、世界の多様性をどう見るか、文化的多様性とともに宗教的な多様性をどう培っていくかという点にまさにかかっていると思います。

創価学会は今年で創立から七十年と聞いております。キリスト教は二千年の歴史。二千年というと、とても古い宗教のように聞こえますが、人類の長い歴史からすれば二千年といってもそれほど昔のことではありません。

その意味で私たちはともに若い。そうであるならば、若者同士として、一緒にこの問題を考え、対話を続けていってはどうかと私は今、考えております。


（文責編集部）

●連続講座Ⅱ—③

新たな公共圏の創出と宗教

姜　尚中

姜　尚中（かん・さんじゅん）
東京大学社会情報研究所教授。一九五〇年生まれ。早稲田大学政経学部卒。早稲田大学大学院政治学研究科政治理論専攻博士課程修了。著書『在日の現在と未来』『ふたつの戦後と日本』『オリエンタリズムの彼方へ』等。

〝二十世紀〟は一九一四年から始まった

二十世紀という百年のなかで、いわば「公」と「私」、そしてそういうものを根底で支える宗教というものについて、私なりに考えていることを話してみたいと思います。

私は、二十世紀のちょうど真ん中で生を受けました。そして、私の父親は、現代史の一つの始まりになった重要な年、一九一四年に生まれました。なぜ一四年が非常に重要かというと、いうまでもなく第一次世界大戦が勃発した年だからです。これは人類史始まって以来の戦争でした。英語では「the first world war」というわけですが、「the first」という意味は決して第一次という意味ではなくて未曾有《みぞう》の戦争という意味です。今まで人類史で一度も経験したことのない戦争という意味です。最近の歴史や社会のいろんな研究では、第二次世界大戦よりは第一次世界大戦の意味をもっと深めようというのが、結構いろんなところで出ております。私もそう思います。

日本の歴史教科書や日本の人々にとって、第一次世界大戦は、非常に薄い存在です。しかし、第一次世界大戦は、ヨーロッパにとっては大変なトラウマでした。おそらく第二次世界大戦よりも、もっとひどいショッキングな事件でした。

私は、第一次世界大戦は人類史始まって以来の過剰殺戮《さつりく》時代の幕開けであると思います。この戦争によって二十世紀というのは過剰殺戮の時代にはじめて突入していったと思います。イギリスでもドイツでもフランスでも、これだけの数の人間が死ぬとは誰も思っていなかった。なおかつ、イギリスでは、オックスフォード、ケンブリッジのような、いわゆる著名なエリートの大学の学生たちが戦線で亡くなりましたから、かなりヨーロッパの主要国にとって、エリートの次の世代を担《にな》っていく人々が死んだ。非常にショックでした。

第一次世界大戦では何百万人も亡くなるわけです。遺族がそのショックに耐えられない。社会がそういう大変な状態になってくるわけです。そのとき死者とどういうふうに向き合うのか。フロイトは一九一四年にメランコリーに関する論文を書いています（発表は一九一七年）。このなかでフロイトは自分の生命のすべてを託している理念や、あるいは愛する人や国家が消滅したときに、人は耐えがたい喪失感を味わう。そこから人はどうやって立ち直るかという問題を一方で考えておりました。

第二次世界大戦、最近ではアジア太平洋戦争といいますが、そこで亡くなった人々をどういうふうに考えるのか、これは今の我々の大きなテーマです。そういう問題が第一次世界大戦のときにヨーロッパで真剣に考えられていたわけです。

なおかつ、第一次世界大戦は、ヨーロッパ人だけの戦いだと思っていらっしゃる方が多いと思いますが、これはまったくの間違いで、大英帝国の植民地であったインドの人々が後方支援の四万人を含めて、総動員約百万人の人が兵士だったりして戦っている。ヨーロッパを舞台にした第一次世界大戦は、まさしく世界戦争だったのです。そういう意味で二十世紀的なテーマの最初の大戦争だった。しかも、毒ガスをはじめとして、化学戦争といわれている通り、化学がこれほどまでに深く人間の殺戮に加わった戦争はいまだかつてありませんでした。そして前線と後方とがかなり一緒くたになって戦われた戦争でもありました。さらに第一次世界大戦では膨大な石油資源ががぶ飲みのように浪費されました。そういう環境問題もひっくるめて、第一次世界大戦というのは、もっといろんな意味で考えてみるべき二十世紀の画期的なターニングポイントだと思います。

イギリスの著名な歴史家エリック・ホブズボームという人が二十世紀について本を書いていて、最近翻訳もされて、非常に話題になりました。彼は二十世紀を極端な時代、「エクストリーム　エイジ」といっています。なぜか。これほどまでに百年で大量に人々が無残な形で殺された時代は十九世紀を遡《さかのぼ》ってもありません。有名なナイチンゲールが活躍した、あのクリミヤ戦争は大変な戦争といわれていますが、これでもせいぜい死者の数は二、三十万は越えなかったといわれています。これは空前絶後の戦争といわれていたわけです。ところが、第一次世界大戦では敵も味方も何百万と死んでいるわけです。そういうふうに考えていくと、これは本当に大変な戦争で、一九一四年に二十世紀の黙示録《もくじろく》的な世界が始まる。ところが、もうひとつ二十世紀を代表する、例のT型車で有名なフォード社が大量の自動車生産を本格的に始めた時代が一九一四年です。

車に乗っていれば自分だけの世界があります。むしゃくしゃしたとき、あるいは好きな人と家族で、そこは自分たちの世界、移動する自由な空間です。移動する自由な空間をはじめて大量に実現したのがフォードです。これをフォーディズムというわけですけれども、これが一九一四年です。ヘンリ・フォードはアメリカという移民の国で、ハンガリー人やギリシャ人やあるいはドイツ人や、お互いにあまり英語もよくわからない移民の人々を労働者として雇い、彼らにその当時で一日五ドルの最低賃金を保証しました。ここから労働者が働いて、それなりに自分たちがフォード社の車を買える時代が、今日の言葉で言うと、消費社会を支える大量生産の時代が一九一四年なのです。

これは豊かさの象徴といってもいいでしょう。つまり、豊かさというものの象徴と、大量に人を殺すということに、化学やテクノロジーがこれほどに総力戦で動員された時代、これが一九一四年にはじまったわけです。

戦争が福祉《ふくし》国家をつくった

一九一四年を境にして、何が大きく変わったのか。それを私は、少し文学的かもしれませんけれども「流転《るてん》」ということばで表現したいのです。流転というのは個人でも民族でも、自分たちの運命というものがある日突然変わるということです。

ボスニア・ヘルツェゴビナの内戦を見てください。サラエボは冬季オリンピックでも有名な、バルカン半島のなかでも非常に由緒のある素晴らしい町でした。それが無残な姿に変貌しました。コソボもそうですし、地球上の至るところに個人の運命と民族や国家の運命が流転する。そういう例を第一次世界大戦から今の現代の変化というものを考えていくときに流転という言葉がひとつキーワードとして、思い浮かぶのです。

実は第一次世界大戦の始まりは、何がそこで生まれたかというと、ナショナリズムの時代だったということです。戦争をするためには、かつてのように、恵まれたエリートだけが戦場でお互いに敵と味方に分かれて戦い合うというのではなく、いわば前方も後方も同じように、同じ運命のもとで戦争を戦う。第一次世界大戦のルーデンドルフ将軍が総力戦という言葉を使いました。英語で言うトータルウォーズ、トータルクリークという言葉です。ゲッペルスも独ソ戦が始まるときに、トータルクリーク、総力戦だということを、あるところで絶叫しているのです。総力戦ということは国民のすべてが国家としてのひとつの運命のなかに、みんなが同じように生死を分かち合うということです。ここではじめてナショナリズムというものが、もっと底辺にまで広がっていきました。

かつて十九世紀までであれば、戦争は王朝同士の戦争でしたから、一般の労働者や庶民はあまり関係がなかったわけです。ところが、二十世紀の総力戦は事態を根本的に変えました。人々がすべて、自分の職業、年齢、性別、教育、宗教を問わず、国家の運命を共にするという時代がはじめて現れてくるわけです。これは逆に言うと、本格的な大衆のマスとしての、国民大衆の登場の時代でしょう。まさしく国家が戦争をするためには、そういう大衆的な基盤を持たなければならなかった。であるがゆえに、戦争は非常におもしろいことに、福祉国家というものを作りだしました。

福祉というのは本来、人を生かす、そのために作られた国の政策が福祉国家なのです。

ところが、人々を戦争に動員し、人々が亡くなったあとの家族の問題やいろいろな問題、あるいは戦争で障害を持った人々を国家がどうやってケアするか。英語でいうと、戦争、戦闘はウォーフェアといいますけれども、福祉はウェルフェアといいます。ある人はウォーフェア・イコール・ウェルフェアといいます。つまり、戦争と福祉という問題は表と裏という関係になる。一般の名もない大衆に、自分の祖国、自分の国、そして、自分はこの社会の必要不可欠な構成員であるという意識がはじめて、戦争を通じて作られていくわけです。

二十世紀は間違いなくナショナリズムが大衆的な基盤を持った時代です。私は二十世紀を「ストック幻想《げんそう》の時代」と呼びたいと思います。ストックというのは、広い意味で言うと蓄積《ちくせき》です。つまり、この二十世紀のなかで、ストックというものが人々の支えになる。具体的に言うと、土地、国土、国家、資本、そして、自分たちが身につけた教育の蓄積、技術の蓄積、知識の蓄積。こういうふうに何か国土を土台にして、その上に自分たちの生活の基盤が蓄積されていく、そういうものを確実なものにしていくためにこそ、福祉ということが国家を通じて作られていくわけです。ですから、ここではじめて国家と自分、その産業を支えている企業が何か運命共同体であるかのように自分たちのアイデンティティが作られていく時代だと思います。

日本ほど文盲が少なく、なおかつ一定限度の高度な水準を持った、画一化された教育レベルを持っている人々は、おそらくいないでしょう。それほどに国民教育というものを、そういう形でストックとしてきちんと蓄積できたがゆえに、一定限度の労働力を確保できました。そして、膨大なプラントを投入して五年、十年かけて安い製品で良質な物を作っていった。

そしてつい最近まで人々は自分たちの蓄積は確実に伸びていくはずだと信じていました。ベアや賃金のいろんな闘争をして必ず今年よりは来年、来年よりは二年後、だからこそローンを組んで十年、二十年かけてそれを払っていく。これはまさしくストック幻想でしょう。ストックは確実にその上に蓄積されていくはずなのです。それが真っ当な生き方であり、そういうものを支えてくれるのが国であり、企業であり、教育も文化も私たちの思考法もすべて、そこの上に立脚していたわけです。ところが、この十年どうでしょうか。見事にこれが崩れているということを、我々は実感できると思います。これを私は、ストック幻想の終わり、そしてフローの時代（流れるという意味です）だと思うのです。

第一次世界大戦の時代から今の時代を考えていくと、ストック幻想が壊れて、間違いなくある種のフロー、つまり流転というものが情報や技術、知識だけではなくて人にも現れてきたということです。

若者たちの「流転《るてん》」がはじまっている

ある意味において、二十世紀の歴史は人が移動する時代であり、流転の歴史をマイノリティは絶えず強いられてきました。東欧はどうでしょうか。旧ソビエト連邦は崩壊し、パンドラの箱があけられ、民族問題が噴出しました。今もチェチェンで戦われていますけれども、ソビエト全体に流転を余儀なくされる人々が至る所に現れている。あるいはインドネシアはどうでしょうか。東チモールが独立運動を戦っていることを知らなかった人が多いのではないでしょうか。我々はインドネシアという国は知っていました。実はそこにキリスト教徒もおり、民族的にもかなり多様であることは、はじめて露呈してきました。つまり、国家というかさぶたが溶けだしてくると、そこに様々な民族や地域や宗教が噴出してくるわけです。

どこかで日本も何か流転の予感があるのではないでしょうか。つまり、いつリストラされるかわからない。かつてであれば確実に自分たちの生活の設計が十年、二十年、ストックで何とか確実に自分たちの生活の保証はあったし、ストックの分け前にあずかるということが自分の人生設計にありました。それが確実であるという前提のもとに、親は子供を育て、子供たちは受験勉強でがんばり、いい会社に入り、できるだけ頑張って出世をしていったのです。こういうルートだったと思います。

ところが今はそうではないのではないだろうか。この十年、自分たちも生活のなかで流転していくかもしれないという予感めいたものを、持っているのではないかと思います。つまり、そのことは非常に過酷な歴史を人に課すわけですけれども、しかし、国家や大きな大文字で語られる歴史とは違う、かなり多様な人々の小文字の歴史と地域や民族や様々な場所に根ざした人々の記憶が、はじめて我々の前に現れるようになったのではないでしょうか。

二十世紀の終わりが我々に流転という一方における過酷な歴史を課したけれども、もう一方において我々は冷戦の時代、あるいはストック幻想にどっぷりと漬かっている時代には決して知りえなかった様々な人々の記憶や歴史を知ることができるようになりました。それを知ることによって、我々はストック幻想の分け前にあずかるという人生コースとは違う、なるほど不確実であるかもしれないし、場合によっては過酷な歴史が待っているかもしれないけれど、我々は同時に自由な選択という可能性のもう一つのカギを手に入れたのではないか。

私は自由には必ずリスクがあると思います。リスクの伴わない自由はありません。自由であるということは不確実な世界に自らを投じるということだと思います。私はある新聞にこう書きました。「このストック幻想が崩壊したときに、日本の若者はどこに行くのだろうか。日本というこれだけの高密度の狭隘《きょうあい》な国土のなかで、社会が完璧なほどに人で埋まっているこういう高密度な社会で、流転の空間はどこにあるのか」。そのようなものはありません。あるとしたら、どこでしょうか。おそらく駅前通り、あるいは盛り場の、あるいは街頭の「余白」の空間です。そういう場所で若者はたむろしているはずです。これも私は流転だと思います。

今は地方や中央を問わず失業率が非常に高く、高校卒業生の就職が非常に困難になっている。私の生まれた熊本県でも七〇パーセント前後だといいます。若者たちはどこに行くのでしょうか。フリーターになる。統計上はこれは無職になっています。しかし、働いています。つまり、無職であることが働いていないことではない。しかし、それはかつてストック幻想で培《つちか》われたような正規の職業のコースではないでしょう。この世代が二十年、三十年たって年金はどうなるのでしょうか。雇用、失業保険はどうなるでしょうか。おそらくそういうものは多分、ないのではないでしょうか。私はフリーターは新しい寄せ場労働者だと思っています。フリーターといえばかっこいいけれど、かつて釜ガ崎や山谷にあったような年老いた寄せ場の労働者が世代交代をして、若い人たちがフリーターという名前で産業予備軍のプールをして、そういうなかに滞留しているわけです。

無職でフリーターをやっているほうは、まだいいかもしれません。そういう場所もなくした子供たちが、多分私たちの社会の空白部分に、今後目に見える形で少しずつ現れてくるのではないかと思います。これはすでにヨーロッパやアメリカがそうです。私が一九七九年にイギリスに行ったときには、そういう人々がちまたにあふれておりました。サッチャーが出てきたのは七九年ですが、イギリスはあの当時、失業率が十パーセントを上回っていました。今日本は統計上、四・数パーセントといわれておりますが、若年労働力の失業率はもっと高いと思います。統計数値は労働意欲がある人が労働機会がない場合をカウントしていますから、おそらく、もともとそれをあきらめている人を入れると、四・数パーセントでは収まりきれないと思います。もっとそういうものが増えていったときに、流転ということが、若いときから私たちの身の回りでも起きてくるということです。

「中流」の動揺と解体のなかで

こういう時代のなかで、私たちは「公」ということについて今考え直さなければならないところに来ているわけです。かつて、「公」とは何だったでしょうか。それは民主主義とかかわっています。人々が民主主義というものを考えていくときに、一定の共同体のなかで同じような価値観を持ち、同じような質疑を持った人々が、そこで自分たちの共同体の出来事について、共同で決定し、決定したことにはみんなが従う。こういう原理が民主主義だったはずです。

しかし、日本という社会のなかですら、同じような価値観を皆さんは共有できるでしょうか。我々の身の回りに、この十年、異常な事件がたくさん起きています。これを「不安の時代」と人はいっていますけれども、我々は世代間においても、社会的にも同じような共通の価値観をなかなか持ちえない時代にいます。生命や人権や基本的な原理すらも、なかなか共有しあえない時代に、この我々の社会は突入しているわけです。

ストック幻想が生きていた時代は、みんなが中流という時代でした。たとえ、階層的にいろいろな違いがあってもみんな同じ、九割は同じでした。もちろん実際には階層的に所得、資産、教育、職業、いろいろ違いがあります。違いはありますけれども、日本はものの見事に七〇年代の半ばくらいから、ストック幻想のなかで、みんな同じというような意識を作りだしました。普通の日本人は、中流だということなのです。

私がいう、「ストック幻想の終わり」は何を指すかというと、一言で言えば、「中流」幻想が解体するということです。これはすでにアメリカで起きています。アメリカにおける中流は、事実上解体傾向に向かっています。アメリカのGNPが伸びていると言いますけれども、そのGNPの伸びを吸収しているのは、頭から一〇パーセントくらいの階層ではないでしょうか。つまり、中産階級ともっと下の階層は、所得は伸びていないのです。イギリスもそうですし、今の世界経済のなかで中産階級の動揺、解体ということが、ストック幻想の崩壊のなかで起きているわけです。そして、中産階級を支えていた福祉国家という制度が、世界中で少しずつ壊れていきつつあります。膨大な国家の行財政赤字をどうやって賄うかということは、日本だけの問題ではありません。

そう考えていきますと、間違いなくひとつの結論は、中流は動揺し、解体しつつあるということです。日本ではある経済学者の統計によると、一九七九年から資産格差が起きております。あのバブルの時代に、私は学生たちに、君達はどんなにがんばっても、この東京で一戸建て、もしくはマンションを建てられるだろうかと話しました。八五、六年のことです。今、地価が少し下落しているとしても、親の援助を得ずに、自分でサラリーマンで働いて、信濃町に3ＬＤＫのマンションを買うということは大変なことです。一九七九年から日本は資産格差、所得格差が起きているわけです。資産と所得と職業と教育、これが確実に階層分化を起こしている。

中流が動揺する社会は戦前であれば、通常はファシズムが起きるわけです。ヒトラーやムソリーニは中産階級の、小市民的な人々、ナチスにつながっている政党員のほとんどがそうです。これは中産階級が没落したときに明らかに、ものすごいラジカルな反動が起きる可能性がある。ここに、民主主義の危機ということが起きています。

今までの民主主義は言ってしまえば、ストック幻想のなかで、確実に自分は国家の一員であり、国民の一員であり、国民主権の名のもとにおいて、みんなが一票を投じ、代表者を選び、その人たちを通じて国家から様々なストックの分け前を自分たちに分配してもらう。自分たちは企業に忠誠を誓い、企業と運命を共にして暮らしが豊かになる。わかりやすくいうと、こういうことだったと思います

今最大の危機は、中流の動揺、もしくは解体現象が一方で起きているということです。

流転は地理的にどこかを移動している移民になったり、外国人労働者になったりというのではなくて、垂直的なレベルで起きているわけです。今まで中流の生活をしていた人々が社会の階層から落ちてしまう。こういう人々は今後もっと増えると思います。つまり、日本も本格的にある種の二極分化の社会へと少しずつ向かっていると思います。そういう二極の分解現象が起きてくると、社会はどうなるかというと、民主主義というものが、これまで以上にうまく作用しなくなると思います。作用しなくなるだけではなくて、「公」というものがかなり希薄になっていくでしょう。

「公とは国家なり」と安易に流れる危険性

たとえば、最近話題になった小林よしのりという人のマンガの『戦争論』のなかで彼はこう言っています。「公」とはすなわち国家なり、と。個人が国家が危うくなったときに一命を賭して国家のために馳せ参じるということは、まさしく国民の義務であり、義務を履行することにおいてはじめて国民は権利を持つ。今の日本の社会はすべてエゴイズムが氾濫し、社会の秩序は失われ、公序良俗もめちゃくちゃになり、過去の歴史についても誇りを持てないというような、エイリアンのような若者が増えてきた。こんな日本の社会に誰がしたんだというのが、彼の憤懣やるかたない、ひとつのメッセージです。これはわかりやすいです。「公」とはすなわち国家なり。でも、これは明らかに間違いです。「公」とは決して国家ではありません。

なぜ、「公とは国家なり」ということを唱える人々が増えてきたのか。これは日本だけではありません。最近フランスの歴史学者でユダヤ系のヴァイダル・ナケという著名な人が『記憶の暗殺者』という本を書いています。彼が来日の際の講演で語ったところによると、フランスでもマンガを通じて、フランス版の小林よしのりが増えているということらしいです。これは決して日本だけの現象ではない。フランスで言っているメッセージも、おそらく、「公」とは国家なりということでしょう。

ストック幻想が生きていた時代は日本には「公」という意識はなかったと思います。少なくとも六〇年代以降、「公」を代表していたのは企業でした。これを私は疑似的な公と言っていますが、公まがいのものを企業が独占していた。言ってしまえば、個人と家族、国家があって、その中間に企業がありました。その企業に丸抱えになって、家族も企業に丸抱えになり、専属主婦として夫を会社にはきだして、自分が主婦としてあとを守る。つまり、女性イコール家庭の専業主婦、男イコール企業戦士という役割分担です。この分業体制のなかで家族ごとの未来はストック幻想のもとに確実に向上するに違いないと思われていました。様々な企業外活動も、何らかの形で企業との関連を持っている。これが日本社会の平均的な構図でした。

今はどうでしょうか。この十年、リストラとグローバル化の名のもとにおいて企業が膨大な人件費を容赦なく切り捨てなければならない。ここではじめて、中高年齢層が企業というものが「公」ではないということを悟ったと思います。中高年齢層の自殺が多いというのは、それもあるのではないかと思います。リストラといっていますが、言ってみればこれは首切りです。企業の収益がいいところも今リストラをしています。こういうなかで、僕の言葉で言うと中間集団としての「公」を代表していた企業が陥没しました。

では一体どこに行ったらいいのでしょうか。家族はどうでしょうか。家族が共同体として成り立つ根幹にあるものは愛情だと思います。ストック幻想のなかで「公」をさん奪していた企業に丸抱えになっていた家族のなかに、家族としての役割はどこにあったのでしょうか。

藤原新也という有名な写真家が八〇年代に、インドから東京に移ってきた時に、中産階級としてはハイクラスで、学歴も恵まれていた親を金属バットで殴る事件がありました。

これを藤原新也はあるルポのなかで書いています。日本の八〇年代はこの金属バットが御神体だった。これは逆説です。それくらい家族というものの崩壊現象があそこのなかにあって、彼はインドと比べてそう思ったのでしょう。インドのような貧しい社会でありながら、そこにある人間の絆と、これほど豊かな日本の社会のなかに、子供が親を金属バットで殴りつけるというショッキングな事件でしたけれども、非常にシンボリックな意味を持っていました。今、親がなすべき仕事というものを実際にどれくらいの親がやっているか。家庭教育は塾や予備校、自分の体を鍛えることはスポーツクラブ、趣味も外側でやる。家のなかにいるときはテレビがある、インターネットがある、ビデオがある。団欒《だんらん》も各人の個食だと思います。六〇年代、七〇年代のテレビ番組は三十分、一時間だいたい食卓でした。同じ食卓でも、みんなそれぞれ、どこかを見て飯を食っていたと思います。

こういう状況のなかで、そういうものが崩壊していく。企業幻想、ストック幻想が崩壊して、四十代、五十代の人たちが行き場所がなくなったのではないかと思います。そのときに個人と家族、共同体、国家、その間をつなぐ疑似公としての企業社会、家社会としての企業社会がずっこけたとき、人々のアイデンティティはどこに行くかというと、あとは国家しかありません。

日本の戦後はストック幻想が生きていましたから、国家は積極的に個々人のアイデンティティにならずに、むしろ企業社会を仕切るような消極的な役割を果たしていたと思います。つまり、国家という姿が社会のなかに如実に表れないような形、むしろ企業社会を下支えし、指導していく。そういう意味で、「町人国家」だったのです。国家というものは、個々人のアイデンティティの帰属のはっきりとした対象としては浮かび上がってこなかった。今、「公」はすなわち国家であるという形で「公」をたてなければ、個々人の家族のアイデンティティがどこにあるのかということが、みんなうつろになっている。だからこそ、小林よしのり氏が言うとおり、今ここではじめて、「公とは国家なり」というようなテーゼが人々に受け入れられていっているのではないかと私は思います。これは一言で言うと、流転の歴史を生きていくことができないある種の中産階級の弱さが表れていると思います。

政治や「公」から逃げるものとしての「私」

日本は、普通の国民としての、中産階級としてのストックが崩れていくという時代を、今はじめて経験しようとしています。こういうなかで、たがをはめなおす、これがすなわち「公とは国家なり」ということです。しかし、「私」というものはどこに行ったのでしょうか。日本においては、実は「私」も成り立っていなかったと思います。プライバシーとは語源的には欠如体です。普通我々はプライバシー、プライベートといいます。それを「私」といいます。しかし、「私」という世界と「公」という世界の確立は切っても切れない関係になっていたと思います。一体企業社会のなかで私はあったのでしょうか。私はあったと思います。しかし、その「私」は確立された「私」ではなかった。

よく韓国からお客さんが来たときに、新宿でご飯を食べると、「姜さん、日本はこんなに自由な社会なんだね」といわれます。ネオン街の若者の風物や様子を見ながら、みんな本当に驚きます。こんなに自由な社会は見たことがない。みんな勝手放題に、若い人たちが盛り場に繰り出している。これほど消費が活気づいて、ファッションを見てもそうです。しかし、もう一方においては学校や会社がいかに権威と規律によって成り立っているかも一方の事実です。表面的に見た限りではこれほど自由な社会はありません。しかし、もう一方において、よくよく目を凝らして自分たちの帰属している場、組織、集団を見ていくと、異常に権威的な社会でもあります。

つまり、日本は「私」の確立というよりは、権威というものから逃れていく、政治や

「公」というものから逃れていくという意味であったのです。それが、消費や快楽や感覚的な欲求の追求に現れているのだと思います。

これはどういう現象なのでしょうか。これは間違いなく、なるほど自由です。しかし、その自由は「公」というものを自ら作っていくという政治の世界から可能な限り逃避をしたり、離れたりする世界です。そういう形ではじめて自由という領域が、他の国では類例を見ないほどいろんな形で発達したのではないか。しかし、その裏側は徹底した上からの権威社会であったのです。上からの権威社会であるということと感覚的な欲求の世界に、自分たちの自由を求めることはコインの表と裏だったのです。

私は夏目漱石が好きなのですが、彼は、あれだけの大知識人ですから、明治国家の持っている権威主義的なものに対する反逆意識はあったと思います。しかし、彼は最終的には東洋的な自然、自由というものに逃れていった。あの知識人においてすら、最終的には政治から離れることによって、個人としての自由というものを獲得しました。自由というものが政治に積極的に参加するための自由ではなくて、政治というものから可能な限り逃避する形での自由。多分それが戦後日本というなかでの自由という形で理解されてきたのではないでしょうか。

アングロサクソンの社会においては、ジョン・ロック以来、自由というものは確固不動の絶対的な領域としてありました。しかし、その自由は本来政治社会というものを自分たちが一員として形成していくという意味での積極的な自由でなければならない。しかし、残念ながら日本において茶髪《ちゃぱつ》の子やピアスをしていても、いったん教室のなかに入れば、旧態依然たる学校社会のなかでの生徒たちが、様々な規律づくめのなかで生きているのが現実ではないでしょうか。学校の外側から見れば、本当に飛んでいるように見える子供たちは、実は学校社会のなかではまったくまともな人間、生徒として扱われない落ちこぼれとして遇されていたりするわけです。

こういう社会のなかで、「公」をどうやって考えていったらいいのかというと、私は重要なひとつのよりどころは、まず、「私」とは何かということを考えなければならないと思います。「私」という世界が確立されるということと、「公」という世界が確立されるということとは切っても切れない関係にあるわけです。日本の社会はある種疑疑的《ぎぎてき》な形で、まがいものとしての「公」つまり企業社会がある。そしてある種まがいものとして、「私」があった。それを私は、できるかぎり政治や私たちの社会から遠ざかる、遠心的に働く自由だと思います。

結論としては、ストック幻想が生きていた社会のなかで「公」も「私」も多分、まがいものだったのではないかと思います。今必要なことは、「私」というものと「公」というものを、もう一回根本から再定義することだと思います。私という領域は何なのか。私という領域の自立性とは何なのか。これをもう一回根底から考えない限り、きっと国家や何か外側のなかにある共同体に帰属を見いだすことが「公」となってしまう。たとえ国が、政体が変わっても、自分たちの共同社会を支えていくという最後の拠り所が「私」なのです。「私」が確立されていなければ、軍国主義の時代は軍国主義のラッパを吹き、民主主義になれば民主主義のラッパを吹く。これは決して「公」とは言えない。

私はまだ、抽象的にしか言えませんが、その「私」の確立ということがもっとも必要とされている時代はないのではないでしょうか。そこではじめて結論になりますが、宗教ということと関わってくると思います。

いま改めて宗教が問い直される

ストック幻想が崩壊していくなかで、はじめて私たちはむきだしの様々な影響力のなかにさらされているわけです。子供たちが大人びて、我々以上に耳年増《みみどしま》になっています。高校生、大学生と話していて、時々自分より老成している子供たちに会うことがあります。何でも知っているように見える。毎日毎日、我々は情報のシャワーを浴びています。そこで何が真実で、何が偽りなのか、それすらわからない。こういう時代のなかで、我々はむきだしの形で情報やいろいろな影響力にさらされている。裸のままで、様々な外的な刺激のなかにさらされている状態を考えてください。バリアがない、ということです。このときに、どういう現象が起きるでしょうか。

それはすでにアメリカに起きています。セラピストが増えることです。アメリカはセラピスト社会です。アメリカの中産階級のホワイトカラーは、たいていの人が何らかの形でセラピストにお世話になっています。アメリカほど、そういう意味でのセラピストが商売として成り立っている社会はありません。日本も多分、それに近い状態になってくるのではないかと思います。

もう一方において、それがグロテスクな形で現れてくると、私は多分、カルト集団になると思います。「私」という確立がカルトという形で、一挙に何かを会得《えとく》するような形の習慣が、今後もっと現れてくると思います。あまり言葉としては使いたくないのですが、ある種の邪教ということでしょう。これは今後予想できる限りでは、もっと増えると思います。アメリカではピープルズ・テンプルというものが南米で集団自殺を遂げました。よく私たちがいう原理主義という言葉は、もともとキリスト教の言葉です。アメリカのなかにいろいろなカルト集団や原理主義的な宗教は今はもっと増えています。私は日本のなかにもカルトというものは出てくると思います。もっと増えるでしょう。

かなりお金のある中産階級、恵まれたインテリジェンスの高い連中たちはセラピストにお世話になるのではないでしょうか。そして、本当の意味で日々迷い、苦しんでいる庶民たちはどこに行くのでしょうか。一つ問題点として指摘しておきたいことは、オウム真理教をはじめとするようなカルト集団が、今後散発的にもっと日本の社会に増えていくのではないかということです。

一方では世俗の宗教としてのナショナリズムに汚染されていく人々が増えていくと思います。ある意味においては、本来の宗教的な意味から離れた世俗の宗教としての国家主義に吸い取られていく人々も増えていくと思います。

そういうときに「私」というものを、どう捉えていったらいいのか。ここに今の現代宗教、今の私たちにとって訴えかける宗教の最大の課題であると同時に、取り組まなければならない問題があるのではないかと思います。

いまだかつて、全世界的に見て、世界宗教というものは「私」というよりは自分たちを支えている共同体に訴えかけてきたと思います。今私が申し上げるストック幻想から解き放たれた状況のなかで、「私」というものがもう一度問いなおされていく。そういうなかで、宗教が「私」というものと向かい合って、どういうメッセージが発せられるのか。そして、そのことが同時に政治や政治社会から遠心的に逃げていく自由ではない、信仰の自由もひっくるめて、むしろ政治社会を積極的に構成していく、そういう意味での宗教と「私」と自由、そして「公」を積極的に内側から構成できるような、そういう宗教、そういうものの意味が今、問いなおされているのではないでしょうか。

●連続講座Ⅱ――④

カルトと普遍宗教――〈発生状態の宗教〉の過去・現在・未来

渡辺　学

渡辺学（わたなべ・まなぶ）
南山大学総合政策学部教授。南山宗教文化研究所第一種研究所員。日本宗教学会評議員。一九五六年生まれ。一九七九年上智大学文学部卒。シカゴ大学留学を経て筑波大学大学院博士課程修了、文学博士。著書『ユングにおける心と体験世界』『ユング心理学と宗教』他に訳書。

はじめに――今日の宗教状況と宗教学者の苦悩

今日、〈カルト〉という用語が人口に膾炙《かいしゃ》し、その概念を裏書きするようにさまざまな奇怪な事件が起きています。オウム真理教によるさまざまな殺人やテロリズムは言うに及ばず、シャクティ・パット・グル・ファンデーション（ＳＰＧＦ）、旧称ライフスペースのミイラ事件と教祖をはじめとする関係者の逮捕、法の華三法行をめぐるさまざまな訴訟事件、などが記憶に新しいところでしょう。それ以外にも、統一協会やエホバの証人、また、他ならぬ創価学会に対しても、根強い反対運動が存在してきたことは否定できません。いろいろな資料をひもとけば、欧米の反カルト団体が、日蓮正宗やＳＧＩをカルトと名指していることは、一目瞭然です。

〈カルト〉は社会問題となり、すでに宗教学者の手を放れてしまった感があります。日米の良識ある多くの宗教学者は、〈カルト〉という用語を使うことに慎重であり、なるべくなら、その用語を使わないようにするために、新宗教や新宗教運動といった用語を使うようにしています。ところが、そのことは、反カルト運動家から反発を招いています。なぜなら、〈カルト〉には宗教カルトだけでなく、政治カルト、心理療法ないし教育カルト、商業カルトなど、非宗教的カルトもあるのであり、新宗教という概念は、豊かなカルト概念を矮小化《わいしょうか》してしまう、というのです。このことは、〈カルト〉問題を扱う上での複雑さを明らかにしています。はたして、宗教学者には、〈カルト〉の全体像を扱う資格があるのか、ないのか、そのこともまた、改めて問われているということができるでしょう。

宗教学の観点から〈カルト〉問題を扱う場合には、いくつか固有な視点を挙げることができるでしょう。宗教史的視点、類型論的視点、社会学的視点などがそれです。そして、それとともに現代社会に対する視角が要求されるでしょう。また、これらの視点をとる際、カルトによるマインド・コントロールという社会心理学的な概念と抵触《ていしょく》してきます。宗教学者は、マインド・コントロール論をどう評価するか、ということも一つの課題となるでしょう。さらに、〈カルト〉と普遍宗教はどこが共通でどこが異なるのかを明らかにする必要があるでしょう。

〈カルト〉の位置づけ——宗教の類型論

カルトの概念は、もともと宗教学の概念として使われてきました。カルトcultは、儀礼や崇拝を意味するラテン語、cultusに由来する英語です。ですから、春日《かすが》神社のカルト、聖母マリアのカルトなどといった言い方こそ、本来正しい用語法なのです。このように、カルトは、本来、宗教団体を指す概念ではありませんでした。それが今日、アメリカのマス・メディアや反カルト運動を中心に、「破壊的カルト」という用語のように、特異な反社会的な集団を名指すために用いられるようになってきたのです。日本もその影響を受けていますが、他方で、ヨーロッパでは、同じ社会現象を指すのにセクトという用語が用いられるのが主流となっていて、カルトという用語はまだ一般化するにはいたっていません。(また、ドイツでは、若者宗教Jugendreligionと呼ばれることが多いようです。)

宗教団体をいかに分類するかについては、いくつかの考え方があります。ここでは、チャーチ、セクト、デノミネーションという分類を取り上げてみましょう。

チャーチというのは、国教、つまり国家と宗教が不可分に結びついているような宗教のことを指します。例えば、イタリアでは、カトリック教会がチャーチですし、イギリスでは、まさしく英国教会とも呼ばれるアングリカンがチャーチを形成しています。ある国に国民として生まれることと、あるチャーチのメンバーとなることは不可分です。人は、チャーチの信者となるというよりはチャーチに生まれるのです。

次に、セクトとは、チャーチの内部に形成されるような自発的結社を意味します。人は、セクトのメンバーになるためには、積極的な信仰を持っていなければなりません。セクトは、チャーチとは比較にならないほど小規模ですが、他方で、きわめて拘束力が強いですし、強固な結束力も持っています。しかしながら、一応信者であることが許されるチャーチと異なり、セクトのメンバーであることは大きな犠牲を強いられます。片手間にセクトのメンバーであることはセクトにとって背信行為なのです。例えば、チャーチ的な色彩の濃いカトリック教会では、少なくとも毎年一度、罪を告白し、また、毎年一度、復活祭のころに聖体拝領をしなければならないというきわめてゆるい規定がなされていますが、他方で、セクト的な色彩の濃いプロテスタントの諸教会の信者にとって、毎日のように聖書を読み、毎週のように所属の教会に行くことが基本的な義務であって、そうしなければ、信者として容易に疎外されてしまうことになります。

また、自覚的な信仰をもったセクトのメンバーにとって、既成社会と摩擦を招くことは不可避的であると言っても過言ではありません。例えば、日本では、私企業が企業を挙げて特定の神社の氏子となることが稀ではありませんが、そのようなとき、自覚的な信仰を持つ者は、企業の創業祭や祭礼に参加することを忌避《きひ》せざるを得ないことにもなるのです。

スタークとベインブリッジは、チャーチとセクトの特徴を以下のようにまとめています（一九八五）。一方で、チャーチは、(1)入会は事実上、誕生に基づいている、(2)恩寵やその社会学的神学的付随物の公式化された手段の執行——教権制度と教理、(3)地理的民族的境界と多くの場合合致する社会的構造の包括性、(4)万人の回心への志向性、(5)既成社会とその価値や制度に順応したり妥協したりする傾向、などの特徴を持っています。他方で、セクトは、(1)一般社会から隔離したり、世界やその体制や価値から退却したり、それらに対して挑戦したりする、(2)態度や社会構造の両方の点で排他的である、(3)入会する前に回心体験をすることに重きを置く、(4)自発的加入、(5)改革や刷新の精神、(6)倫理的に厳格な態度、多くの場合、禁欲的な態度、などの特徴を持っています（Rodney Stark and William Sims Bainbridge, *The Future of Religion: Secularization, Revival and Cult Formation*〔Berkeley: U. of California Press, 1985〕, 21.）。

このように、セクトのメンバーであることは決してたやすくはありません。そしてまた、このような自発的な信仰を子の世代や孫の世代に伝えていくこともまた、容易ではないのです。セクトも新宗教も子や孫の世代にとっては親や祖父母の既成宗教になります。第一世代が社会に対して強面を示していたとも、第二・第三世代になると、実社会との現実的な融和をはかって、なるべく社会から批判を招かないように教団の維持拡大に務めるようになります。こうして、セクトはデノミネーション、教派となり、実社会を維持し、それに貢献していく安定的な構成要素となっていくのです。創価学会員のみなさんにとって、このようなセクトからデノミネーションへの変化は、実感としてとてもなじみのあることではないでしょうか。創価学会は第一世代の創生期や伸長期を通過して、すでに第二世代の安定期に入っていると思われます。その意味で、創価学会は、すでにデノミネーションになっていると言っても過言ではないでしょう。創価学会と密接な関係がある公明党が政権与党に入ったことは、このことを象徴的に証しているように思われます。

それでは、チャーチ、デノミネーション、セクトといった教団論の枠組からすると、いわゆる〈カルト〉は、どのような集団になるでしょうか。セクトが何らかの主流宗教の分派であるとすれば、〈カルト〉は、集団の点でも教義の点でもはるかにルース（規律のゆるい）な集団です。例えば、シャロン・テイト殺人事件を起こしたチャールズ・マンソンのファミリーは、一般に〈カルト〉とみなされますが、目立った教理もなく、集団としてもマンソンと弟子たちの他には際立った組織も何もありませんでした。

また、〈カルト〉は、特定の社会における主流の伝統文化からの根本的な逸脱によって特徴づけられることもあります。例えば、キリスト教文化圏では、現に仏教やイスラームやシーク教やヒンドゥー教などの東洋宗教はカルト視されることがあります。それだけでなく、プロテスタントの国、アメリカにおいて、カトリックは一九世紀ごろまでカルトとみなされてきた歴史的背景があります。他方で、日本では、キリシタンをはじめとしてキリスト教が異端視されてきました。また、日本に仏教が伝来した当時に物部《もののべ》氏と蘇我《そが》氏が争った状況を考えれば、仏教もまた、日本の伝統文化とは相容れない外来文化であったことが知られます。したがって、〈カルト〉とは、特定の社会における主流文化との関係で決定される相対的な概念であるといえるでしょう。

これらのことを考え合わせると、一般社会で〈カルト〉と呼ばれているもののいくつかは、実際にはセクトであることがわかります。例えば、一九七八年一一月一八日に集団自殺事件を起こした人民寺院は、ディサイプル派の分派ですし、一九九三年四月一九日に多数の死者を出したブランチ・デヴィディアンは、セヴンス・デイ・アドヴェンティストの分派です。また、今日、マス・メディアで報道されることが多くなった日蓮系の新しい宗教団体がありますが、（創価学会と同じように）これはもともと日蓮正宗の在家信者の集まり、つまり日蓮講でした。ですから、教団論的に言えば、セクトに当たるでしょう。

マス・メディアや一般社会においてカルトと呼ばれる宗教や団体は一般に、⑴非因習的で秘教的、⑵議論を呼び、有害な行為をしているという非難の的となっている、⑶権威主義的、⑷組織が緊密で、コミューン的、⑸攻撃的に改宗を求める、⑹教義の植え付けや集団儀礼の点で徹底的・情緒的、などの特徴を持っているとされます（Thomas Robbins and Dick Anthony, "'Cults' in the Late Twentieth Century," *Encyclopedia of American Religious Experience*, Vol. II（NY : Charles Scribner's Sons, 1988））。

〈カルト〉のなかでもとりわけ有害なものは、「破壊的カルト」と呼ばれます。その基準となるとは、「共同体的一体主義、権威主義、カリスマ的な指導者、暴力、児童虐待、性的搾取、集団生活における強度の情動、〈マインド・コントロール〉手法の使用」などです。欧米では、統一協会、ハレ・クリシュナ（ＩＳＫＯＮ）、神の子どもたち（ファミリー）、サイエントロジー教会などが、多くの場合、「破壊的カルト」のレッテルを貼られることが多いことが指摘できます。

それに対して、宗教学者は、価値的に中立な概念として〈カルト〉概念を使おうとしています。

例えば、スタークとベインブリッジは、〈カルト〉を三つに分類しています。第一は、聴衆カルトと呼ばれるものです。一人の講演者や説教師がいて、その人の講演や説教に人びとが集まる構図を考えてみればよいでしょう。これは例えば、一時期、バブル景気のころにはやったチャネリングの興行に集まった聴衆を考えて下さい。興行をする人は、チャネラーを招いて、雑誌や広告でそのチャネリングの会の宣伝をして、人集めをします。聴衆はチャネリングなどのイベントに集まるかぎりにおいてそれに参加しますが、チャネラーには特定の教団やその他の教義や組織があるわけではありません。そして、聴衆は、互いに横のつながりを組織されたり、繰り返して参加する必然性を感じさせられたりするわけではありません。

第二に、クライエント・カルトが挙げられます。ここでいうクライエントとは、主としてセミナーやセラピーの来談者のことを指しています。グループ・セラピー自身は明確な教義の枠組や組織を持っていませんが、クライエントは多額の参加費を納入することによってその参加者となります。そして、高次のレベルのセミナーに参加するために、他の参加者を勧誘することを義務づけられることもあります。日本でもバブルの時期に、チャネリング同様、自己開発セミナーがずいぶんはやりましたが、バブルの崩壊とともにその多くが撤退を余儀なくされました。日本ではあまりはやっていませんが、EST（Erhard Seminars Training）や、アメリカのSF作家が作った疑似科学的で疑似宗教的なセミナー団体などがよく知られています。

先ごろ逮捕された高橋弘二氏を代表としたライフスペースは、もともとアメリカ起源の自己開発セミナーのコピーとして始まりました。バブルのころに頂点を極めましたが、しかし、バブルの崩壊後に、受講生が大幅に減少してしまいます。そこで、行われたのが高橋氏のグル化であり、それは、グルイズムもしくはグル崇拝の形をとるようになり、シャクティ・パット・グル・ファンデーションと名乗るようになりました。そして、自己開発セミナーよりも、さらにより高額の商品を提供するようになりました。また、信者が一般社会から隔離して生活するようになり、ますます孤立を進めていったわけです。そのような中でミイラ事件が起こったわけで、その活動の異様さをなおさら際立たせることになりました。この団体は、いわゆる信者を増やしていって拡がっていくというよりも、高額のお金を支払ってセミナーやイニシエーションを受けるクライエントの存在によって成り立つという性格を持っています。その意味で、あくまでクライエント・カルトに分類することが可能でしょう。

第三に、カルト運動が挙げられます。例えば、これは、霊媒師《れいばいし》として個別のクライエントを持っていた人物が、月例祭や大祭などを催して、多くのクライエントを同時に動員するような場合が考えられます。ここまで来ると、それは、すでに宗教集団としての特徴を顕著に備えるにいたります。このような事例は、日本社会では多々見られることです。

〈カルト〉の時代背景――創唱宗教と歴史的変動

宗教は、その発生形態に応じて、一神教、多神教、無神論、また、民族宗教や創唱宗教などにわけることが可能です。その中で、世界宗教となったものを考えてみると、それは、創唱宗教であることがわかります。創唱宗教とは、創唱者、つまり教祖によって広められた宗教です。要するに、創唱宗教こそ、民族の枠組を超えて、広く世界に訴えかけることが可能な宗教なのです。したがって、創唱宗教はカリスマ的指導者の存在を前提とすると言っても過言ではないでしょう。

創唱宗教には教祖がいるということは、民族の歴史と同じくらい古い民族宗教と異なり、歴史上のある時点に始まりを持っていることを意味します。ということは、創唱宗教は、誕生した段階では新宗教に他なりません。例えば、キリスト教やイスラム教が誕生した段階で既存の社会との葛藤《かっとう》をいかに巻き起こしたかについては、歴史をひもとけばよくわかります。イエスは、神をアバ、つまりお父さんと呼び、聖餐式は、イエスの血を飲み、肉を食すことを象徴的に意味したため、食人の風習を連想させました。また、死者のよみがえりなど、伝統的なユダヤ教徒から見れば、おそらくカルトとみなされて嫌悪《けんお》されても不思議ではなかったでしょう。

このように考えると、創唱宗教は、その出発点において当時の社会から見れば、〈カルト〉とみなされざるをえないところがあったことがわかります。また、〈カルト〉の特徴として、教祖の前科が挙げられることがありますが、処刑にあったイエスだけでなく、流罪になった法然や親鸞、そして、日蓮も前科者ということにはならないでしょうか。

しかしながら、創唱宗教の中でも、仏教、キリスト教、イスラム教の三つの宗教は、普遍的な倫理を人びとに提示し、民族を超えて、世界に拡がっていきました。そのことがそれらを世界宗教にしたのでした。

ある発生状態の宗教が世界宗教となるか、〈カルト〉で終わるかは、歴史の審判を待たなければわかりません。しかしながら、ある宗教の創生期の信者には歴史の審判を仰ぐ余裕が残されておらず、「信仰の投企」によってその宗教に身を投じざるをえないのです。ですから、われわれは、そのような試みをあざけることなく、共感を持って理解する必要があります。

ところで、創唱宗教の発生を考えてみると、それらは、歴史的な変動期に現れることがわかります。例えば、日本を例に取れば、幕末維新期と第二次大戦後に多くの新宗教が現れたことが明らかになるでしょう。前者の時期には、黒住教、天理教、金光教などの諸宗教が現れましたし、第二次大戦後には、戦前に弾圧されていた創価学会、また、ひとのみちから分派したＰＬ教団、そして、立正佼成会などの新宗教が現れています。一般に、これらの時代の新宗教が持っていた基本的モチーフは現世利益にあり、一口に貧病争といわれる貧しさと病いと争いの解決が民衆に約束されたといわれています。

それに対して、大正期と一九七〇年代以降には、幕末や第二次大戦後のような、従来の価値観や世界観が崩壊するような急激なアノミーはありませんでしたが、豊かな時代特有の慢性的なアノミー状態があったといわれています。例えば、大正期には、大本や太霊道といった〈霊＝術〉系新宗教と呼ばれるような宗教が興隆を極めました。いずれも、世界的に流行を見たスピリチュアリズムに呼応する形で、人びとの霊に対する関心をうまく吸収したのでした。

それが、一九七〇年代に入りますと、まず、コリン・ウィルソンの『オカルト』の世界的なブームが始まります。そして、オカルティズムや超能力に対する関心が高まりました。西山茂氏が指摘しているように、「まず、映像メディアにみられる〈非合理の復権〉は、ユリ・ゲラーによる〈スプーン曲げ〉のテレビ実演（一九七四年）に端を発し、これにミステリー映画の〈エクソシスト〉（同年）、〈未知との遭遇〉（七八年）、〈スター・ウォーズ〉（同年）のヒットが続いた。次に、活字メディア上の〈非合理の復権〉は、コリン・ウィルソンの『オカルト』（上下二冊本、一九七三年、新潮社）や五島勉の『ノストラダムスの大予言』（同年、祥伝社）のベストセラー化に始まり、神秘・呪術・宗教・メディテイションからトランスパーソナル心理学やニュー・サイエンスにいたる広いジャンルをカヴァーした〈精神世界の本〉の一九八〇年以降における急速な高まり」（大村英昭・西山茂編『現代人の宗教』有斐閣）などに示されています。

このような時代状況の中で、超能力開発を提唱した阿含宗《あごん》、また、霊能者による相談を行っている真如苑、手かざし治療を行う世界救世教などの教団が興隆を見せたのです。これらの新宗教は、信仰よりも修行による実感に重きを置いているように思われます。つまり、近代主義的な知性偏重の風潮に対する反動もあって、むしろ、からだによる体得を強調する流れが出てきたといっても過言ではありません。オウム真理教のような修行系の新宗教は、このような流れの上に乗っていたと言ってもまちがいではないでしょう。

とりわけ、第二次大戦後の日本社会は、社会経済的に大きな変動を遂げました。日本の伝統宗教は、地縁と血縁によって成り立ってきましたが、それが、戦後の急速な都市化の中でいずれも希薄化していったのです。そのことは、第一次産業の就業人口の急激な現象と都市人口の急激な増加に象徴されています。一方で、第一次産業就業人口は、一九五〇年には四八％であったものが、六〇年には三一％、八〇年には一〇％、九二年には五・五％にまで減少しています。他方で、都市人口は、一九五〇年に三八％であったものが、八〇年には七六％にまで達しているのです。農村部は過疎化が急激に進み、都市に人口が集中することにより、鎮守《ちんじゅ》の森に囲まれた神社を中心に村落共同体が成立し、その中にお寺があってお墓がある、といった昔ながらの構図が通用しなくなっていきます。

それとともに、宗教に対する現代人の関係も希薄化していきます。それは、森岡清美氏が指摘しているように、一時的で表面的で功利的で開放的なかかわりに変貌していったのです。たとえば、各地の神社の祭礼への参加や、地域社会とは特に関係のない大社や大寺院への初詣《はつもうで》がその典型的な例となるでしょう。また、受験合格を祈願して天神様にお参りするというのも、このような特徴をかねそなえていますし、水子《みずこ》供養という今日的現象も、地縁や血縁とは無縁の寺社との個人的で一時的なかかわりという点で、明らかに都市型の宗教現象といえます。

このように、現代人の人間関係が地縁や血縁から独立した個人中心的な関係となり、共同社会よりも学校や企業といった利益社会における関係となってきているように、現代人の宗教に対する関係も、時と場所と機会に合わせた、ニーズにかなった個人的で刹那的な関係となってきています。例えば、冠婚葬祭の互助会の存在がそのことを象徴的に表しているといえるでしょう。

これらの事例が示しているように、宗教は、ますます個人化し「私生活化privatization」してきています。つまり、われわれの生活を全面的に覆う「聖なる天蓋《てんがい》」（ピーター・バーガー）としての宗教は、近代化にともなう世俗化によって失われましたが、宗教は個々人の内面にかかわる形で純化されたり、内心倫理として、また、主体的な規範として個々人によって主体的に取り入れられたりしてきているのです。他方で、そのことは同時に、宗教が趣味や好みのレベルの問題として扱われたり、いわばレジャー産業として成立したりする可能性をも示唆しています。

このようにして、伝統から根こぎ状態にある現代の都市住民は、安定的な価値観や人生観を持つことが困難になってきます。それとともに、自らのライフスタイルを選ぶように、宗教を選ぶことも可能になってきたとも言えるのです。そして、今日のように家庭の崩壊が叫ばれている状況の中では、個人が不安定で情緒的な混乱に満ちた家庭に替わる安定的な共同体を求めることもよく理解できます。つまり、若者が新宗教やカルトに身を委《ゆだ》ねるということは、一面で、親や家庭を捨てて新たな共同体を探求するという意味を持っているのです。むろん、それが新たな依存関係を招かないという保証はどこにもありませんし、カルトにおいてはグルと弟子との間に依存的関係があることが指摘されています。

宗教の私化、個人化とも密接な関係がありますが、一九七〇年代以降になって、個人の生きがいの追求が目立ってきました。それは、大きくわけて、自己実現と自己変革と自己超越の三つに分類できるかもしれません。それは、多少否定的に捉えれば、ナルシシズムの高まりであり、自己中心性の増大であるとみなすこともできます。今日、若者の離職率がきわめて高くなってきていますが、自己実現のためには会社の職を犠牲にしてもかまわないと考える人が増えてきたからでしょう。つまり、自分を会社に合わせようとするのではなく、自分がその会社に向いていないとか、自分が期待していたのと異なる部署に配属されたとかいった理由だけでも、若者は会社を辞めていくというのです。これは、われわれ旧世代にはなかなか理解しがたい現象です。

自分の現状に甘んじることのできない人々の一部は、本当の自分を探そう、言い換えれば、本当の自分を実現しよう（自己実現）としたり、ぼろぼろになった自分を変革しよう（自己変革）としたり、自分を超えよう（自己超越）としたりします。これらの態度はみな、必ずしも好ましくない不完全な状態にある、「あるがままの自分」を受け入れることへの嫌悪感、あるいは、いうならば、自分自身であることの居心地の悪さを反映しているかのようです。要するに、今ここにある自分を、現状のままでは許すことができないのです。（拙著『ユング心理学と宗教』第三文明社刊参照）。

かつての高度成長期には、自己実現の問題は、自己啓発や自己開発プログラムといった産業心理学の形で、いわば猛烈社員の養成の延長上にあったし、現在でも管理者養成の「地獄のトレーニング」といった研修合宿が、高度産業社会への過剰適応を余儀なくされた中年男性を待ちかまえています。また、脱サラという形で、企業社会そのものから脱皮することによって自己実現を果たそうとする人々も一部にはいます。他方で、現在、自己実現の問題に取り憑《つ》かれているのは、仕事に忙殺されて自分の時間をもてない疲れ果てた中年男性ではなく、むしろ、家事労働の効率化によって家庭から解放され「新たな有閑階級」として出現した主婦たちです。主婦たちは比較的に自由な時間がふんだんにあるため、夫たちに比べてはるかに人間らしい生活をする機会や、自分の人生に目覚める機会に恵まれています。彼らには「本当の自分」という青い鳥を捜し求める余裕があるのです。その行動は、多くの場合、カルチャーセンターといったマス・メディアに通ったり、自己発見のためにセラピストのもとに通ったりするレベルで留まりますが、場合によっては、新新宗教の教団に魅せられて入信したり、一部のセクト的な教団に入信して、いわば出家するような形で家庭を崩壊させてしまうこともあります。例えば、オウム真理教やヤマギシ会やライフスペースに妻子が入会して出家してしまったため、一人取り残されてしまった夫が、現に存在しているのです。ユーモアと多少の皮肉を込めて、このような状況を「自己実現症候群」と呼んでいるセラピストもいます。

このような自己実現への欲求は、自己変革や自己超越への欲求と密接なかかわりをもっています。なぜなら、それらはいずれも、自らの現状に対するいたたまれなさに由来しているからです。それはまた、深いレベルでの変身願望とも結びついているかもしれません。

そこを巧みについたのが、最近いろいろと話題の上っている新手のグループ・セラピーによる「自己改造」でしょう。そもそも人間関係に疲れた人々が、日常慣れ親しんだ自分を捨てて、進んで他者による人格のプログラミング（要するに洗脳）を受け入れて、共同社会や利益社会に適合的な自分に自らを作り変えようとしているわけです。それを受講する人々が、それを自己改造とか自己変革といって、積極的なものとして考えようとしているところに、やりきれない悲痛さが漂っています。私の知っている人物の中にも、家庭不和に悩んで自己開発セミナーを受け、さらには、両親や兄弟まで誘って受講させてしまった人がいます。このようなセミナーの皮肉は、全般的な人間関係の改善を目指して受講した人々が、結局は、セミナー受講生としか、心を割って話ができなくなってしまうという現実にあります。そのため、本人は次々と周囲の人々を勧誘する一方、当人の異変に気づいた人々からかえって孤立を深めてしまうのです。

また、直接、自己超越をうたった心理学講座もあり、そこでは毎回、受講生たちが素手で電話帳を引きちぎったり、名刺で割り箸を切断したりして、「自己超越」に取り組んでいます。さらに、トランスパーソナル心理学系のセミナーでは、過酸素呼吸状態を利用して年齢退行を引き起こし、出産時外傷を再体験させ、さらに、受講者に「心理的な再生」

を体験させるといったことが行われているのです（以上の分析は前掲拙著による）。

今日、大きな社会問題化したオウム真理教の場合にも、その根底にはこのような自己実現＝自己変革＝自己超越の論理が見られます。麻原によれば、真我は、もともとマーハー＝ニルヴァーナという世界にあって、絶対自由・絶対幸福・絶対歓喜を享受していました。ところが、そこから堕落し転落して、コーサル世界、アストラル世界へと落ちていき、さらには、現象界に転生したといいます。オウム真理教の信者は真我に目覚めて、真我とふたたび同一化することを求めるのです。しかし実際には、この真我は、教祖によって占有されています。そこで、教祖との同一化、つまりグルのクローン化が、真の自己実現となるのです。また、教祖と縁のない衆生は救済されないので、たとえ、サリンその他の被害を受けたとしても、被害を受けることによって教祖と逆縁を結ぶことができ、より高い世界に生まれ変わることができると信じられました。このように、教祖は、救済の根源となったのです。さらに、オウム真理教には、黙示録《もくじろく》的終末論の要素が加味されていました。つまり、信者は、ハルマゲドンが来るまでに人々を救済しなければならないという強迫観念を植え付けられていたのです。

このように、オウム真理教の場合、自己実現が真我の実現に置き換えられ、それが同時に教祖との同一化という屈折した形をとっています。そのとき、個人の個人たる由縁《ゆえん》の個性は、滅却されざるをえません。オウム真理教の信者が一九九〇年の総選挙の際に麻原彰晃のかぶりものをかぶって選挙運動をしたように、オウムにおける救済とは、麻原彰晃の仮面《ペルソナ》の増殖に他ならなかったのでした。

おわりに――〈カルト〉問題に出口はあるか

私たちは、期待と不安の入り交《ま》じった一九九九年を無事に乗り越えて、二〇〇〇年を迎えました。アメリカでは、クリントン大統領が二一世紀を宣言したようですが、むろん、正しくは、二〇〇〇年は二十世紀最後の年です。各国の政府機関は、終末論的なカルトによるテロが発生するのではないかという警戒感を持っていて、アメリカやカナダの情報局では、特別の報告書を出しています。日本にも、終末論的な世界観を持った宗教はオウム真理教に限らず多くありますが、今後、どのような展開を見せるか、予断を許さない状況が続くと思われます。

二十世紀は、大きな社会的変動の世紀であり、日本社会は、極度の都市化が進み、産業構造も大きく変わり、情報・サービス産業が主流になってきました。今後、宗教もまた、衛星放送やインターネットをはじめとして、高度の情報メディアを多用する時代になっていくでしょう。

社会構造の変化は、伝統的な人間関係や価値観の崩壊をもたらしつつあります。とりわけ、若年層の犯罪発生率の高まりには危惧《きぐ》せざるをえません。このような中で、カルトと呼ばれるような宗教が、ますます増えていくことは疑問の余地がないでしょう。また、宗教の個性化や商業化がますます進展を見せることと思います。

そのような中で、伝統宗教や普遍宗教が時代の要請に答えていくこともまた、重要になっていくでしょう。それらは、人々が相互に尊敬し信頼することのできる社会を形作るのに、今後とも貢献していかなければなりません。また、私はこれからますます諸宗教が対話をし、相互理解を深め、世界平和を模索《もさく》していくことが求められていくことになろうかと思います。

Ⅲ

●連続講座Ⅲ―①

日本の政治思想と仏教

中島　誠

中島誠（なかじま・まこと）
評論家。一九三〇年東京生まれ。一九五五年早稲田大学文学部卒。著書＝『司馬遼太郎がゆく』『隆慶一郎の世界』『丸山眞男と日本の宗教』『藤沢周平論』『江戸商人の智慧嚢』他多数。

鎌倉新仏教は〈日本における宗教改革〉

近年、地方分権、地域社会の見直しが叫ばれていますが、宗教、とりわけ仏教、なかでも鎌倉新仏教が七百年以上の歴史を超え、いかなる形で現在の地域社会に表出しているのかについて私は言及したいと思います。

ご存じのように、日本では江戸期、徳川幕藩体制によって強制的に実行された檀家《だんか》制度により、各寺院、住職の活動の自由は著しく制限されてきました。これは二百五十年以上にわたって続きました。さらに明治維新を迎え、これより多くの西洋文明が流入し、二度の世界大戦を経て戦後社会を迎えます。これらの歴史の歩みのなかで日本の宗教はいかに姿を変え生き延びてきたか、やはり正しく検証しなければなりません。

キリスト教は、いくつもの宗派の差はあるにせよ、少なくとも教会（あるいは聖堂）を中心にして、人の誕生から死に至るまでさまざまな面で、牧師（カソリックでは神父）が人生相談の相手になるという、宗教本来の役割を日常的に果たしてきました。

日本の仏教寺院はどうか。なるほど、その数はぼう大ですが、寺院に人が集まるのはせいぜい葬式くらいのものです。さらに住職、僧侶が地域社会に対し、日常的に活動しているかと考えると、もはや日本の寺院は宗教の名には値しない存在であると言わざるをえません。最近、一部の寺院で地域文化に貢献しようとする活動を始めていますが、まだまだ少数の寺の有志の僧侶に限られています。

そのようななかで、創価学会は地域社会に対し積極的に行動し、同時に国家・行政へと向かう視点を有しています。つまり個人の内面の信仰とともに、地域社会における取り組みを媒介とした国家・行政・政治への批判、あるいは積極的な介入という、縦横に通じた役割を果たしているのです。これは宗教活動の本源であると思います。

このような宗教の在り方は私の知る限りでは、日蓮上人の「立正安国論」に顕現されたものと考えられるわけですが、そこに至るきっかけを教えてくださったのが、丸山眞男先生でありました。

丸山は戦前に東大法学部の助手として出発し、日本政治思想史研究という講座を設け、戦後、一九六〇年代に至るまで講義を続けました。最近、刊行された彼の講義録には、日本思想史、文化思想史、歴史思想史等の題目が見られます。

その丸山が日本の政治思想史の一つの中軸として宗教の問題、宗教と政治との関わりの問題を取り上げ、そこで律令制《りつりょうせい》を成立させた聖徳太子の時代、鎌倉仏教が一斉に開花した時代等に絞って宗教と政治を論じているのです。

さて、鎌倉新仏教とは何であったか。丸山はこれを極めて明快に〈日本における宗教改革〉と述べております。

ヨーロッパの〈宗教改革〉は、ご存じのように中世から近世にかけ、ルネサンス運動とともにヨーロッパを席巻《せっけん》します。ルネサンス運動はヨーロッパの近世から近代への歩みのなかで、あらゆる文化・哲学・自然科学を生み出す源流になりました。と同時に宗教改革によって、人間の自由な信仰、神とのつながりを根本とし、聖書、およびキリストと多くの弟子たちとの問答を中心においた信仰へと変革されていきます。聖書に一切手を触れることを禁じられ、神父の説教のみを通して聞いていた神の教えを直《じか》に庶民が知ることから宗教改革は始まったわけです。これと同様なことが、日本の中世にも行われていたと丸山は言うのです。

宮廷貴族が信奉した平安仏教に対し、鎌倉仏教を支えたのは新興の武士であり、百姓・漁民・山村の民たちでした。丸山は彼らの文化を築こうとの主体的な勢いが、信仰の歴史的な変動と結びつき、日本的な宗教改革と文芸復興を推進したと考えました。

日本の中世は決して暗い閉塞期ではなかったのです。平安朝のまばゆいばかりの貴族文化の時代から、徳川幕府へと向かう群雄割拠の戦国時代、その間に日本中世の輝かしい宗教改革とルネサンスが存在していたことは、戦後の歴史学、政治学の中でも明らかにされてきています。さらに、丸山は鎌倉仏教から「〈日本思想史を通じてもっとも傑出し〉、世界的に見ても〈オリジナルな性格をもつ〉思想家が出てきた」とし、親鸞、道元、日蓮の三人を挙げています。

宗教・政治闘争を貫いた宗教家・日蓮

このうち、親鸞、道元は「教行信証」、「正法眼蔵《げんぞう》」といった大著を遺しています。しかし、日蓮は多くの著作を残しましたが、これらは大論文、大著とは呼びがたく、ほとんどが弟子・知人等に送った書簡になっています。また有名な「立正安国論」は、当時の最高権力者であった北条時頼に対する諫暁《かんぎょう》の書です。しかし、そこに、親鸞、道元との大きく異なる点が存在します。

この諫暁とは何でしょうか。これは相手の誤りを指摘して迷妄を開き、正しい道に導くことです。日蓮は当時の最高権力者であった北条時頼に対し、あなたは間違っているから、支配の方法を改めなさい、それがいやなら、支配の座を下りて別の人と交代しなさい、そうでなければ天災、人災が止まない、と諌めています。このように他国からの侵略を事前に予言し、諫暁したのは日蓮のみです。日蓮によれば、その依経とした法華経とは、ただ経巻を開き日夜、読誦すればよいものではなく、天災、人災さらには内乱、外患を予見する眼を養い、時の最高権力者をも諫言する勇気を出すことにその精神があるというのです。これらは親鸞、道元にはおそらく見られなかった点です。

丸山はそうした点から、日蓮を宗教・政治闘争を貫いた宗教家と見ているのです。さらに丸山は次のようにも述べています。

日蓮の宗教は、教理としては天台教学を基本的に継受しているし、またそれが一方において、個人の救済だけでなく「法華経」による国家の護持を説き、他方において、呪術的要素や神仏習合の要素を内包している点で、いわゆる鎌倉仏教中、もっとも伝統との連続性が濃い。にもかかわらず、なにより彼自身が浄土宗からの転向者であって、そのほとんどファナティックなまでの念仏宗・禅宗の排撃にもかかわらず、その宗教的態度において基本的に新仏教の刻印を受けている。

これは実は非常に大切な点で、丸山は、民族的・宗教的・文化的伝統を尊重しつつ行った日蓮の宗教改革のすぐれた点に注目しているのです。

最後に日蓮の行った宗教改革の普遍性について言及してみたいと思います。日蓮について、ある宗教学者は「縦の民族的自覚と横の人類意識とが交叉する接点に、法華経の行者日蓮の思想が展開されていた」と指摘しています。

そして日本思想史上、普遍と特殊の論理を愛国心に結実させ燃焼させていた日蓮の意義を高く評価しています。つまり、日蓮は民族主義だけでもなく、国際主義だけでもないというのです。

「立正安国」は一国平和主義に止まらない

この伝統は確かに、創価学会の皆さんの中に現在、脈々と生き抜いているのではないかと思います。この横軸と縦軸の交わるところには、国の民を安泰に導く土台があり、それは同時に一国平和主義に止まらない平和であるとの思想こそ、日蓮が考えた「立正安国」であり、創価学会はこれを目指しておられる。また池田ＳＧＩ会長は各国を訪問し、多くの有識者との対談を行い友好を積み重ねることで、平和構築を目指しておられます。これらはまさに「立正安国」の実践であり、二十一世紀に向けてますます重要な活動となってきているのではないかと思われます。

戦後約五十五年間、私たちはさまざまな試みを行ってまいりました。にもかかわらず、二十世紀は人類の愚行の最たるものとして刻印され、後世の歴史学者らから、あらゆるイデオロギー的な試みがことごとく失敗に終わり、人類が滅亡・衰亡に向かった世紀であったと総括するであろうと言われております。

また、イギリスの歴史学者のトインビーは、戦後の日本の経済復興は二十年で達成されるだろうが、「精神面の復興には、百年を要するだろう」と述べました。どうでしょうか、今の日本は。まさにトインビーの言葉通りになっています。

私たちは一国平和主義者に止まるべきではないことを申しましたが、では具体的に二十一世紀に向けて、どう行動すべきか。これは国際社会における日本の大きな責任でもあります。

さらには、昨年行われたＷＴＯ（世界貿易機関）のシアトル会議での開発途上国による〈反乱〉をどう見るか。こうした国際的な新しい流れにどう対処するか。一方、世界各地で噴出する局地紛争にどう対処するのか。二十一世紀に向けた平和運動において、必ずや私たちが直面する課題であろうかと思われます。

従来の保守と革新、あるいは革命と反革命といった二項対立の図式によって、二者択一を迫り、そこにイデオロギー的な評価を行うような仕掛けはもはや消えなければなりません。自らの日常生活にあらゆる面でプラスになり、同時に国際的な平和を維持する〈よすが〉となる方策を生み出さなければならない。それが重大な責任として私たち一人ひとりに背負わされているのです。これは今日の政治の問題、政治と宗教の問題を考えるうえで、最終的に一番大きなポイントになるのではないだろうかと思っております。

政治というものは、常に現実的であり、複雑な問題を含まざるをえません。しかし、そうした現実性、複雑性をきらって政治的なものを排除し、純粋で個人的で隠世的な信仰の世界に止まればよいというものではありません。

現在の日本の政治体制に対して有益であり、強力なパワーを有する人材を宗教の側から送り出していく——政治と宗教の両方の座標を手放さず、一個の人間の中に、あらゆる矛盾、撞着《どうちゃく》、困難を抱え込みながら生きていくことが、日蓮、そして七十年の歴史を持つ創価学会の運動の一番大事なポイントの一つではないだろうかということを、私はあえて申し上げたいと思います。

社会主義の変貌

日本共産党は戦前からの歴史を誇っていますが、革命政党とか前衛党とかいわれてきました。この場合の革命とは、社会主義革命でありますが、そこへゆく前段でブルジョア民主革命が必要であり、そのためには議会制民主主義が貫かれていなければならないといいます。しかし、最近では修正資本主義も認めるといっており、現実社会に適合した方針と、議会運営のなかでの共同体制を主張しています。そしてこのような路線を進みながら、総選挙などで国会をリードできる当選者の数を目標にしています。政党としては当然のことかもしれませんが、戦前・戦後の同党の姿からみると、かなり大きな変貌といえると思います。

一方、隣の中国では、鄧小平路線をひきついだ江沢民体制が、開放政策・経済の近代化の道を、ますます積極的に歩もうとしています。「米国は中国にとって最大の輸出国先で、輸入も含めれば、日本に次ぐ第二の貿易相手国」にまで成長しているとのことです（『朝日新聞』平成一二年二月二三日）。このように市場経済の導入によって中国経済は高度成長の軌道に乗りましたが、問題がないわけではありません。それを支えているのは沿海地方に進出した外資系企業、新興の私営企業、郷鎮企業（省や県の企業）などで、全企業の四〇％を超える国有企業の多くは、膨大な赤字と余剰人員を抱え、経営は悪化しているといいます（上村幸治著『中国路地裏物語』岩波新書）。

ひるがえって日本をみますと、六〇〇兆円以上の財政赤字を抱え、四・七％の失業率は改善されず、財政再建が先か、経済の活性化が先か、そのなかで雇用対策をどうするかで、国会も地方自治体も大論議を展開しています。

そういうときに、日本共産党の言う修正資本主義とは何であるのか、なかなか困難な問題であります。しかし、日本共産党は、すべての政治勢力の先頭に立つ正しい前衛党である存在をやはり自任していることに変わりはありません。そして究極は社会主義革命です。

ソ連が崩壊し、中国が市場経済化政策を大幅に導入し、アメリカの経済パワーが世界を席巻《せっけん》しているという今日、わが日本はアジアの老小国にやがてなるのではないかという予測が、専ら行われ始めました。

少子化、高齢社会化、福祉の大幅後退、雇用不安、超氷河期の就職難、環境破壊、医療ミスの多発、動機のあいまいな殺人事件の多発、中年男性の自殺激増、教育の荒廃、親子の断絶、肉親殺傷事件、ストレス発散による放火等々。これらの同時多発小規模深刻犯罪がまきおこす社会不安が、社会主義革命や修正資本主義で解消されるとは思えません。根本的には政治が悪いからだといいますが、果たしてそうでしょうか。

もちろん良い政治に越したことはありませんが、その場合も、政治の善し悪しは誰がどのようにして決めるのでしょうか。

日本が、このままでゆくと、その先は人口も激減してアジアの老小国になるという憂いは、決して冗談事ではないと思います。私は、末世とか末法ということは、よくわかりませんが、このままで日本は良いとは、どうしても思えません。

根本は人間の問題です。人と人、人と自然の関わり方の問題です。また、民族と民族、文化と異文化、先進国といわゆる開発途上国との関わりの問題です。共生とか共存とか棲《す》み分けとか簡単に言いますが、容易に実現できるとは思えません。共生を実現するには、まず、共生しようと思う自分のことから考える必要があります。相手を選んだり、相手の良し悪しを言う前に、おのれのありかたを振り返らなければなりません。

日本の近代史のなかで、左翼といわれる人々は社会主義革命を唱え、右翼と思われる人々は維新とか国家改造ということを主唱しました。これはごく大雑把《ざっぱ》な分け方ですが、維新というのは当然、明治維新を指します。このとき日本は近代国家の仲間入りをしたわけですが、ずっと後に敗戦間際になって昭和維新ということがいわれました。〝近代〟を百年近くやってみて、どうも巧くいかず行きづまってきた。そこで昭和維新を唱えたわけで、これは戦争末期のことです。同時に、北一輝などが国家改造を唱え、天皇の下にすべての日本人は平等だと主張しました。北は、昭和十一年（一九三六年）の二・二六事件の後、処刑されてしまいました。

一方、社会主義革命のほうは、大正時代からずっと唱えられ続けてきましたが、戦前・戦中・戦後を通して一向に実現せず、かえって社会主義が打倒の目標にした資本主義のほうが栄えてきました。それでとうとう修正資本主義でもよいということになりました。しかし、資本主義を改良したり修正するのは、資本主義自身にとって常に必要なことなので、むしろ改良・修正の利くシステムこそ資本主義の生命なのです。

さて、国家体制そのものが社会主義であるはずのソ連が崩壊し、中国が資本主義の生命でもある市場経済の導入へ踏み切ったのをみると、社会主義は実はユートピアに過ぎなかったのではないかと世界中の人が思うようになりました。中国は、政治改革をやる前に経済改革をスタートさせたのです。これは、ソ連が政治改革をやり損ねながら経済改革も巧くゆかずに十年以上も経ってしまったのに比べて、利口なやり方だったのかもしれません。

中国は、文化大革命で失敗した教訓が活かされましたが、ソ連の場合は、ハンガリーやチェコ、ポーランド侵攻の経験が巧く活きなかったようです。いまだに、ロシアはチェチェンを武力で崩壊させようとしています。ソ連がロシアになっても根本的な体質は変わらないのでしょう。

日本では、社会主義革命も昭和維新も国家改造法案の提唱も、結局、夢に終わりました。それはそれで仕方のないことですが、このままズルズルとアジアの老小国になるのは、われわれとしては耐え難いことですし、子孫に対して申し訳がありません。

私は、社会主義とか国家改造とかいった体制の枠組を改革することより、現に、この国に生きている人間、つまり自分自身の革命が大事だと思います。ここからが本題になるのですが、私なりの人間革命が分かればよいわけです。体制をまず変えて、それからそこに住む人間が変わってゆくという考えは、あまり当てにならないということが、世界史の中で段々はっきりしてきました。

唯物論は、存在が意識を決定するといいます。この場合の存在とは、大きくいえば世界の在り方であり、国家体制の在り方であり、少し小さくいえば、われわれの住む世の中、地域社会の在り方のことです。しかし、まず権力を奪い、体制をつくりかえ、その体制を維持リードするために奪った権力の座を強めようとして、武力や警察力や人々の動きを常時察知する秘密の調査機関を設けると、体制そのものを改善し発展してゆくことより、体制を守ることに専念してしまう国家ができあがってしまいます。そのよい見本がソ連七十年の歴史でした。中国のほうは、文化大革命で行き過ぎがはっきりしたので、方向を転換し、革命とは連続的かつ永久的なものだということを指導者が痛感しましたので、ソ連のような体制自体の崩壊をまぬかれました。しかし、中国の市場社会主義といわれる体制の前途も、また多難のようであります。

ソ連は解体してロシアになりましたが、かつてのソ同盟圏内の自治共和国がそれぞれ独立したり自立を主張したりしているので、その対応に追われ、武力干渉を相変わらずやっています。同様のことが少しソフトな形で中国にも起きていますが、〝台湾問題〟は、まだ当分片づかないでしょう。六十くらいの多民族を抱える中国の悩みは二十一世紀にも続きます。

一方、アメリカは独立以来、人種のるつぼといわれながら、何とか棲み分けをうまくやり、二度の世界大戦にも勝ち残って、いまでは、金と武力の超大国といわれ、グローバル・スタンダードの中心になっています。そしてヨーロッパもEUとなり、一種の共同体を形成することに成功しつつあります。また、東南アジア諸国も経済ブロックを組んで、一九九〇年代に訪れた経済危機と、宗教と民族の紛争による内乱の炎を何とか鎮めていま す。

ごらんのように二十一世紀を迎える世界は、それぞれに民族・人種・宗教・思想・体制を超えた共生・共存・共栄を目標にして、多様な共同体を工夫してつくるようになりました。生き残る道は、これしかないのです。

昔、世界のコミュニストは、一国社会主義革命か世界同時革命か、という選択をめぐって烈じい論争を行いました。しかし、そのどちらも誤りであることを認めざるをえなくなりました。革命を実現するには、民族問題がいちばんの難問だと、百年以上前から言われてきました。それは、民族という存在が、ひとかたまりのものとして、一つの文化、一つの伝統、一つの歴史を持っていて、外《そと》からは動かすことのできない固体であると観念されたからです。このように決めつけてしまうと、民族と民族の共生とか交流とかいうことは非常に難しくなります。民族は違っても人間は人間であり、人間同士が交流し、共生することができないはずはないと思った瞬間に、民族と民族との間の垣根は取り払われます。

しかし、これとは反対に、民族間の垣根を武力によってとり外《はず》し、無理に交流しようとすれば、必ず強くて大きな民族が弱くて小さい民族を支配する結果になるでしょう。だがこのような結果になることを初めから見こして、強大な民族が、いわゆる少数民族や、武力を持たない民族、近代的な武器兵器を充分に備えていない民族を併合しようとして侵略戦争をやると〝大東亜共栄圏〟や中国に対する侵略戦争のようなものになってしまいます。

日本では、昔から、わが国は一つの歴史、一つの民族、一つの文化、一つの言語によって結束し強力な近代国家を築いてきたのだと、学校でも教育されてきました。そして、ほんとうは、中国大陸の石炭や鉄鉱石、大豆などを欲しいために、また、東南アジアのゴムや石油の資源を奪う目的で戦争を始めながら、表面では大東亜協同体とか、東洋の平和のためとかいって、いわゆる十五年戦争を強行し、結局、敗戦を迎えたのでした。このような、日本の側からするたてまえと本音の著しい違いを、中国は、もちろんアジアの人々は初めからちゃんと見抜いていました。

宗教の役割

戦争に敗けてから五十五年も経ち、いまの日本は不況です。失業者が減りません。だが株価は上昇しています。景気と経済とは違うものです。株の上昇や消費の拡大だけをみて景気の良い悪いを言っても、経済全般の構造からみれば、全く違うものがみえてきます。

人々の生活が楽になったか、安心して生きていけるようになったかを測定するには、実に多くの指標を見なければなりません。米ドルやユーロと円の為替レートの数値や、株価指数や、日銀の短観や経済企画庁の発表だけをみていても、人々の幸福の上下の目盛は分かりません。公共投資にどれだけ財政支出をしているとか、クルマやマンションがいくら売れたとかだけを聞いていても、人々の肌に触れる幸福の実感は得られません。つまり経済を政治の目盛だけで計測し、それをマスコミが連日発表しても、大部分の人々は、別の目盛で生きています。

それは宗教です。私は、宗教を非常に広い意味で考えています。何か特定の仏様や神様を信仰するのも、たしかに宗教です。また自然の山川草木、太陽や星を信仰するのも宗教であり、動物や石までも信仰の対象になります。人類の原始宗教は、自然界のすべて、天変地異までを信仰の対象にしました。それらは、人間の怖れ、驚き、恐怖、運命に対する心配を〝信〟という行為で表現したものです。

しかし、宗教がほんとうの宗教になるために、人類は何万年もの年月を生きてきました。人間が人として生きる方法を、人間自身が思い悩むようになったのは、そんなに古いことではありません。それは、人間の集団が、一定の地域に定住するようになり、一つの社会をつくって互いに助け合って生き、そのような社会を別の集団から守ったり、または交流したりするまでになった時代、つまり数千年の昔からに過ぎません。中国でいえば、春秋・戦国の時代、孔子の時代からです。

孔子は紀元前五五〇年に、釈迦はそれより十数年前、紀元前五六六年ごろ生まれました。この両人がほとんど同時代人であったという事実は、実に不思議なことです。以来、『論語』は二十四世紀にわたって人々に読まれ続け、一方、釈迦の教えを本《もと》に出来た『妙法蓮華経』は、諸々の大乗教典のなかで最も高遠な妙法と認められて、天台宗・日蓮宗に引きつがれてきました。

中国に生まれた儒教とインドに生まれた仏教とは、ほとんど同じ年月を経て今日に生きています。今年はキリスト生誕二千年ということで二〇〇〇年の区切りといいますが、儒・仏の歴史は、これよりずっと長いわけです。

儒・仏両宗教の歴史は、そのまま、人間社会に国《くに》というものが成立し、王や帝や天子が生まれ、互いに争いを繰り返してきた歴史でもあります。われわれが、「史」と呼んでいるのは、実に儒・仏両宗教の歩みでもあるわけです。すなわち、宗教が真に宗教らしくなってから、われわれは二千数百年の「歴史」を生き、好むと好まざるとにかかわらず「国」というもの、「国」と「国」との争い、そして支配・被支配という関係のなかで生きてゆかざるをえなくなったのです。いや、そういう生き方をしなければならないから、生きる方法を求め探るためにどうしても宗教が必要になったのです。

このような人々の生きるあり方を、ほんとうに自覚し自分の問題として解決しようとしたのが、日本でいえば約八百年前の鎌倉仏教でありました。そして、国家、国家間闘争、国内の内乱、支配・被支配、人と自然災害との闘い、国際関係の重視、平和への念願という問題を重視し直視して立ち向かうことが、宗教に不可欠のものだと意識して説き、自ら実行したのが日蓮でありました。

この日蓮の思想と実行力は、八百年をへだてて、今日、人々が生きてゆくために最も大事なものとして甦《よみがえ》っています。

今日を生きるわれわれは、自分が幸福になるためには、家族が、地域の人々が、職場の仲間が、そして国家社会の国民が、さらに国際社会の人類全体が幸福にならなければならないのだということを、単なる理想や希望ではなく、きわめて現実的な条件として実感するようになりました。

二十世紀は、戦争と革命の世紀だったといわれます。また人類史のなかで最後で最悪な愚行の世紀だったともいいます。あらゆるイデオロギー、何々主義というイズムが、試行され失敗し、そのために地球上の何千万という人命と、ぼう大な自然が犠牲になりました。これらの犠牲は明らかに人災によるものでありますから、人間自身の革命によって反省し、防止し、やり直すしか方法はありません。

では、人間の革命とは何でしょうか。いずれにしてもこれは、右のようなことに人々が気付くことから出発しなければなりません。

まず、平和が絶対の前提です。何もしないことが平和ではありません。平和を守るために常に努力しなければなりません。そして、自然であれ、同じ人間同士であれ、相手の立場、相手の言いたいことを理解する、きく耳を持つことです。平和は隠遁《いんとん》ではありません。人間は孤独であってはなりません。孤独は虚無を生み、虚無は自暴自棄を生みます。このようになった人の思いもよらぬ人殺しや犯罪が、いま激増しています。同時に、独りでじっと生きている人間の邪魔をしてもいけません。ひっそりと深い海の底で海草だけを食べて生きているジュゴンのような人間を、そっと見守ることも大事です。人それぞれさまざまな生き方をしたいことをお互いに認めあいながら、決定的な破壊者に対して、人々の和を崩すものに向かって猛然と闘いを挑む必要があります。ここが難しいところです。闘いながら平和を守るというのは、闘いに勝てばよいということにつながらないのです。負けるかもしれないし、失敗するかもしれない、それでも闘うべきときは正面から闘いを挑む、そのためには強い信念が必要であり、信仰が支えになります。ですから宗教が力を発揮するわけです。災いを招く者、弱い者を圧殺する者、人々の交流に水をさす者、民族・人種・生いたち・職業・心身の障害を持つ人と健常者などの違いに偏見を持つ者にたいしては猛然と闘いを挑む。ところが悪魔のような人間は、人類の世界が続く限り跡を絶たないでしょう。したがってこの闘いは、おそらく永遠に続くはずです。

だからこそ宗教が必要であり、個人の心の支えとなる信仰が大事なのです。

しかし、信仰を支えとする半ば永遠の闘いは戦争と違います。相手を殺したり抹殺するような闘いではありません。そこには大きく深い智の力が働かねばなりません。われわれは、これを文明と呼びます。文明は、人々の生き方を明るくし、多くの人々のうえに満遍なくひろがって、やさしく励ましながら包み込む力を持っています。われわれは、常に新しく、また常に先祖の伝統の上に、しっかり足を踏まえた文明の力によって、真の共生社会をつくる努力を続けていかなければなりません。そうすることによって自分自身が幸福になれることを知らなければなりません。

私は、仏教や法華経の難しい言葉や教えについて全くの無智の人間でありますが、以上申したようなことを、これから死に至るまでの年月において心がけてゆくことによってのみ自身の幸福が得られると信じています。

●連続講座Ⅲ――②

罪と悲しみ――豊かな感情の文化をつくるために

野田正彰

野田正彰（のだ・まさあき）
京都女子大学現代社会学部教授。一九四四年生まれ。北海道大学医学部卒。京都造形芸大教授、神戸市外大教授など歴任。著書『喪の途上にて』『戦争と罪責』等多数。

戦争と精神的外傷

日本で戦争責任を否認するような動きが露《あら》わになってきたのは、一九七〇年代の後半からだと思います。とりわけ、日本の戦争責任についてはっきりと語った細川内閣以後、そうした動きは強くなりました。現在も「我々も戦争の被害者だ」と強弁したり、「自虐史観は許されない」などと過去を否認したりする人たちが活発に活動していることは、皆さんもご承知のことだと思います。

こうした戦争責任の否認は、他者の感情に対する無関心さを背景としています。そして、そうした「感情の貧しさ」は、実は、太平洋戦争時の日本軍の問題と地続きなのではないかと、私は考えています。

「戦争神経症」という言葉があります。戦場という日常を離れた殺人の現場に投げ込まれ、精神的なパニックを引き起こしたことが、後に戦場を離れても神経症として現れるような症状です。

戦争神経症の問題が大きく注目されるようになったのは、第一次世界大戦以後のことです。それはそれまでの「志願兵」を中心にした戦争から「動員兵」による戦争へ、質的転換をとげたこととも関係しています。

いわゆる「国民総動員」の戦争となり、どこもかしこも戦場で、いつまで続くかも分からない、新しい戦争となったことが大きな要因となっています。

第一次大戦ではおおむねどこの軍でも、そういう人たちは戦争忌避《きひ》者であるとみなし、処刑したりしたという記録が、いくつかあります。しかし、どの軍隊も、そうであるというわけではなく、理解のある軍隊では、それは精神的な問題であると、薄々気づいていたわけです。

当時のいくつかの論文も、そうした問題を取り上げており、英語圏では、それを「シェルショック」と呼んだ論文があります。「シェル」というのは砲弾の爆撃音のことです。つまり、爆撃によるショックで脳しんとうを起こし、脳神経系が異常になったから、こういう状態になるんだという意味です。

しかし、その後、どうもそうではないということが議論され、精神的な外傷、「トラウマ」という概念が登場してくるのです。

今世紀の初めにウィーンにジーグムント・フロイトという精神分析家が出て、精神的外傷に関する論文を発表しました。彼の言うところのトラウマ、外傷というのは、怪我と同じで、それに精神をつけて精神的外傷ということになります。幼少時における耐えがたい体験が抑圧されて、意識の中で忘れられてはいるけれども、それが青年期になって神経症の症状をつくる原因になるといった考え方を提起したのです。

これらの症状は、普通の人に起こるものではなく、幼少時にいろいろな葛藤《かっとう》が背景にあって、それが原因で起こるという考え方に立っていたわけです。

しかし、第一次世界大戦で、健康的な兵士のなかに、精神的に危機的な状況に陥《おちい》った人が、たくさん出た。それで初めて、戦場という異常な状態の中でも、精神的危機に陥るということに気づいたのです。そこで、「トラウマ」という概念が、再び登場してくる。すなわち、必ずしも特殊な人が幼少期に精神的な外傷を受けたという場合に限らず、大人になってからも、自分が殺されるか、あるいは自分の親しい人間が殺されるというような状況、そして、その中で徹底的に無力感に打ちのめされるような状況においても、人は精神的外傷を持つ、という概念が発展してきたのです。

その後の、第二次大戦では、米軍で神経症になる人の比率は一〇%とか二〇%という数字が出ております。そうなると、二百人の兵隊を指揮して戦争をするとなると、その中で二十人か三十人ぐらいの人が、途中で精神的に倒れたり、現状を維持できないようになる。こうした中で、いかに指揮をとっていくのかが、米軍や英軍では、かなり考えられ、精神科医を送り込んで、そういう人たちを、なるべく早期に治療させようとしたのです。

そして「精神的外傷」という概念は、ベトナム戦争になって、またクローズアップされました。

ベトナム戦争では、米軍は戦争神経症者を、いかにして減らすか、そして士気を維持するかという発想から、「三百六十五日戦争」ということを考え出しました。

ベトナムの戦場へ行き、三百六十五日たったら、どんなことがあってもヘリコプターで吊り上げて本国に帰す、ということを約束したのです。一人の例外もなしに、戦争に耐えればよい期間を、はっきりさせたわけです。そのようにして、士気を維持しようとしていきます。

これが戦争神経症の簡単な歴史であり、こうして急速に戦争神経症を減らしていきました。しかし、戦争で神経症になる人は少なくなったけれども、今度は、戦争から帰ってきてから、アメリカ社会に適応できなくなり、神経症になる人がたくさん出たのです。

このようなことを通して、精神的外傷という概念は、戦争だけではなく、レイプの被害者だとか、人質にされた人とか、また、災害に遭った人たちも同じように、その人の持っている道徳観に耐えられないような状況に投げ込まれ、あるいは生命が脅《おびや》かされたときには、人は強く無力感に打ちのめされ、その無力感の中で、精神的外傷を持つということが、概念として確立されていったわけです。

日本における戦争神経症

それでは、十五年間にわたる泥沼の戦争の中で、日本人は一体どうだったのか。千葉県の市川に、かつての陸軍の精神病院のセンターがあり、戦争時は、そこが最終的に精神病者を受け入れる施設となっていました。そこから、いくつかの論文が出ておりますが、基本的には、戦争神経症者に関する研究は、それほど多くありません。

一体、日本兵は傷ついたのか、傷つかなかったのか。それを考えていく中で、私たちは、もし日本兵で、そんなに戦争神経症になる人が少なかったとしたら、それはなぜかという問題と、そういった精神状態にあった人たちが戦後の社会をつくってきたとしたら、どういった精神状態の中で、この社会をつくってきたのだろうか、ということについて考えてみましょう。

まず、戦争神経症になる人がいたのか、いなかったのかという問題ですが、これは統計が全然ありませんから、どちらとも言いがたい。ただ、日本兵の間で、戦時栄養失調症と呼ばれたものがあった。物を食べても下痢をしてしまう。食糧も一定程度はあったけれども、食べても食べても衰弱して、多くの兵士が死んでしまった。赤痢だとかチフス菌などを調べても、そうではなかった。

これらのものは、今でいう心身症だと思われます。強い精神的な負荷《ふか》がかかっている中で、自分の困難を体で表現したわけです。こういった人が、ある程度いたということが考えられます。つまり、それが言葉とか感情で表現されず、身体でしか表現できなかったということは、一つの問題であります。それは本来、人間は自分が苦しい状況にあるとき、精神的にいろいろと浮かんでくる感情に気づいて、それを言葉に表して人に伝えるということで、はじめて社会を維持できるからです。

また、別の記録では、戦場で戦争神経症とか、脚気《かっけ》などと診断されたりして本国に送り返された兵士が、内地に帰ってきた当初、〝自分は中国の子供たちを殺した〟といったことが幻覚に出てくると言っていた、というものが、少しだけあります。しかし、そのなかの一人は、そのうちすぐに、そうしたことも言わなくなり、普通に郵便局の職員を務め、一生を終えたというのです。

いずれにしても、この社会では、戦争で傷つく人が比較的少なく、あまり大きな問題にならなかったということが言えるのです。

「装置」としてのイデオロギー

そういったときに、これはおよその事実ではありますが、そこから、どう推測するかということです。

それは、集団的に私たちの教育と国家のイデオロギーを精神的に解体することすら許されないほど、徹底的に人間の内面に入り込むような文化をつくっていた、ということが仮説として考えられます。

どんな社会でも、社会が維持されていく限りは、身近な人に対する一定の思いやりとかモラルは保証されております。どんな未開社会でも、身近な人の悲しみとか喜びに対する共感、想像力などが育っているわけで、日本の農村社会でも、それは例外ではありません。

そういった人たちが尋常小学校に行き、年齢が上がっていく中で、徹底して差別され、身分制の中にたたき込まれて暴力を受け、育っていく。そして、「社会」というものを思い知らされ、そうした人たちが軍隊に行って、再び徹底的に暴力を受ける。その組織の中だけで、いかにして生きていくのか、ということを迫られ、適応させられる。その集約が、天皇制のイデオロギーであったわけです。

そういうイデオロギーの装置が、人間としての危機状況をつくり出した。とりわけ中国の戦線が、そうだったわけです。

前線では、はっきりとした状況判断ができず、侵略戦争であったから、誰が敵なのかはっきりしない。例えば、根拠地づくりとして開放区の村をつくり、そこ以外に住んでいる人は中国共産党軍と内通しているかもしれないということで、農民を銃剣で刺したり、首を切ったり、場合によっては皆を殺りくしてしまうということもあった。

そのうち、兵士たちは人間のモラルとして、耐えられないような状況に追い込まれていきます。つまり、敵がいて、そこで武装した者同士が戦うという関係ではなく、なぜ自分が殺りくしているのか分からないような状況に立たされます。しかも背後から、いつも命を狙われているわけですから、不安が非常に高まっていくので、ますます残虐性はエスカレートしていきます。

そうした中で、彼らが自分の行為で精神的に傷つくことができないほど追い込まれるような状態を、日本軍はつくっていたのかもしれません。

そういう人たちが戦後の社会をつくっていきます。そして、戦後のベビーブームの世代、いわゆる団塊《だんかい》の世代が生まれ、その団塊の世代の子供たちが生まれてきたわけです。

国体の維持と戦後民主主義

こうした中で、日本の指導者層の頭のなかには、いわゆる天皇を中心とする国体の維持ということについてだけは、変えがたいという思いがあった。それが戦後の社会を、ずっと引きずっていきます。そして、表面的にメッキされた部分が、戦後の民主主義であるわけです。

戦後になって、文部省が『民主主義』という教科書を出しました。それを読むと、戦争論一般が書いてあります。戦争は悲惨だから人間がすべきことではないと。しかし、どこにも日本の戦争の問題については書いてありませんし、日本がどれほどひどいことをやったのかを直視しようという姿勢も全然ないのです。その代わり、〝日本は戦争で資源を失った。島国で資源が少ない国だから、生きていくためには国民はよく勉強し、働かなければばならない〟ということが執拗《しつよう》に書いてあるのです。

まさに戦後の民主主義は、そういった形で規定され、そして、その中には「国体の維持」的な発想があったわけです。

繰り返される「歴史」

後の人たちは、当時の人たちが戦争を遂行したと非常に怒って戦犯にしていきましたけれども、歴史は繰り返されるものです。

ここに東条英機の遺書があります。こういうものを見ると、歴史が、いかに繰り返されているかが分かると思います。

東条英機は、その遺書の中で、このように書いています。

「このたびの戦争に従軍して倒れた人、並びに、これらの人々の遺族に対して、実に相済まぬと思っている。心から陳謝する。しかし、この裁判は結局、政治裁判であって、勝者の裁きたる性質を脱却せぬ。そして天皇陛下の地位、並びに陛下の御存在は動かざるべきものであり、陛下は空気や地面のごとき大きな恩を忘れられるものではない。」

そう国体の擁護について書いた上で、次にアメリカに対しては、こう書いている。

「どうか日本人のアメリカ人に対する心持ちが離れしめないように願いたい。日本の生活の困難やインフレ、食糧の不足等は、米軍が日本にあるがためなりというような感想を日本人が持つようになったらばそれは危険である。よって米軍は日本人の心を失わぬように希望する。」

普通の感覚で言えば、一国のリーダーでありながら、この間まで戦っていた相手に対して、敗戦してわずかな時間に、優しくしてほしいなどということを平気で書くわけですから、こういった心情は、非常に幼稚であり、日本的な「甘え」であります。

また、彼は憲法の第九条については、これは賢明であったと思う、と書いている。日本が米国の指導に基づき、武力を全面的に放棄したのは賢明である、と。

しかし、全世界が全面的に武装を排除するならばよい。しからざれば盗人が跋扈《ばっこ》する形になる云々、と書いている。

そして第三次世界大戦は避けることができないから、将来の日本軍の再軍備においては、かつてのような徴兵制よりも傭兵制がいいかもしれないから、それを検討したほうがいい、と。

そして盛んに、アメリカは日本が八千万国民の生きていける道を考えてくれなければならない、と書いた上で、日本軍が責任観念がなかったことは寂しいとか、捕虜の待遇について、国際的な捕虜の処遇についての教育がだめだったということは、これから徹底しないといけないとか、教育においては、これまでの質実剛健のみでは足りないから、人間としての完成を図る教育が大切であるとか、宗教教育が大切である、というようなことを書いています。

これを、皆さんはどう思われるでしょうか。

これが私たちの世代でしたら、耐えがたい文章ですけれども、どちらかというと、孫の世代である皆さんは、そんなに違和感もなく、東条って普通の人なんだな、と思ってしまうかもしれません。時代はそれぐらい、めぐっているのです。

こういう形で、国体を維持するということと、勤勉に働いたら富がくるという考え方を押し進めるなかで、戦後が始まったわけですが、その後ずっとそれが続いてきたわけでありますそういう意味では、戦争中の耐えがたい状況のなかで多くの人間が傷ついているという現実がありながら、そうした傷ついた人たちをいかにして見つめるかといった問題は素通りしてきた社会であった、と言えると思います。

精神的外傷と日本的感性

先述したように、人間が、耐えがたい状況の中に置かれて、また既存の人間関係とかモラルが受け入れがたい状況に置かれて、強い無力感に陥ったとき、人はどうなるのか。この問題は、いろいろな形で研究されてきました。

まず人は、徹底的に打ちのめされ、そこから逃げることも許されることもないような状況に置かれたときには、自己を防衛するため、感情を麻痺《まひ》させてしまいます。感じても感じない――そういう形で状況を乗り切ろうとしてしまいます。これは意識してではありません。

例えば、広島で被爆しながらも生き延びた人たちは、地獄絵のような状況の中で見たものについて、さほど現実感を持たない形で、精神的に生き残っていくわけです。それを感じると同時に、その人は生きる意欲、生命力を失っていくという面があります。これは絶滅収容所の記録でも、全部そうです。

しかし、そういう状況がなくなりさえすれば正常な精神状態の人間に戻れるかというと、そうはいきません。

例えば、ドイツの絶滅収容所で生き延びた人たちの多くは、再び正常な精神状態に戻ることができなかったわけです。過酷な精神的外傷を受けたときは、人は、そういったものを何とか思い出さないようにしようとします。人にも、あまり語りたがりません。同じような体験をした人間にしか分かってもらえないという思いが、非常に強くあるからです。それから、自分の中でも、徹底的に自分が無力だったという感じを思い出すのはつらいことですから、そのことを思い出さないように抑圧しようとします。精神的外傷というものを、常に忘却しようと努力するわけです。

しかし、抑圧しようとすればするほど、ふと思わぬときに、強迫的に頭の中に浮かんできます。そうなると、精神的に非常に不安定な状態になります。そのようなときは、他人には気づかれないように、必死になって抑圧しようとします。

そのように抑圧しようとして人間がとる方向は、二つあります。

一つは、そのことからすべての日常的な感受性を低下させて、抑圧しながら、あらゆることについて感じないまま生きるという方法です。極端な場合は鬱《うつ》状態になったり、現実感を持たないまま生きていくことになります。

もう一つは、つらい体験を思い出さないようにするために、一生懸命に動き回ることです。戦後の日本社会では、多くの人が、多分にそうした感情の抑圧をしながら生きていくこうとする姿勢をとったと言えるように思います。個人の場合と同じく、集団の場合でも、そういう形で動いていったわけです。

抑圧のための「文化的装置」

このような問題を、いかにして意識させないようにするか——そのために、どのような文化的な装置が、日本文化の中にあるのかということについて、もう少し考えてみましょう。

例えば南京の虐殺に加わった人たちの日記の、虐殺の日の個所を読みますと、二千人とか三千人を殺したとか、そして、それを長江に投げたとか、そういったことが書いてあります。とどめを刺すときの断末魔の声が凄《すさ》まじかったとか、そういったことがずっと書いてあります。

しかし、彼らの文章は、そこで止まっています。あとにはすぐ、調達をしていろいろなものが見つかったとか、油揚げをつくって食べたがおいしかったとか、そういった文章が見られる。そして、虐殺のことについて振り返りながら、長江には月が昇っていて、その荒涼とした風景は戦場の中では見ることができないといったような文章が続いていくわけです。これは日本的な感性です。そこで感じた残虐性を、風景を眺めるときの感傷的な気持へと逸《そ》らしてしまっているのです。

本当は、言語で表現したり、自分が精神的に感じ取らないといけないものを、風景の感傷にすりかえていくというのは、私たちが文化の装置として強く持っていることではないかと、私は思います。こういったものを引きずりながら、日本の戦後というのは、ずっときたわけであります。

情報化の進行による感情の希薄化

こういった精神性は、戦争はもう遠い過去のことになったし、次第に薄らいでいっているので、もう、そのことは議論する必要がないのではないか、という考えもあるかと思います。

しかし、私は一方で、別の問題を考えます。それは、情報化というものが、人間の感情を豊かにする方向に作用しておらず、逆に人間の感情を希薄にする方向へと進んでいるのではないか、ということです。

この「情報化」について、一九七〇年代、パーソナルコンピュータの開発をしたころのアメリカの若者たちは、これまで情報は社会の体制側にある人たち、権力のある人たちに独占されていたので、それを社会の基本的なインフラにしたい、情報を通して民主主義を発展させたい、という理想主義をもっていたのです。

日本の場合は、主に一九八〇年代になって、情報化が少しずつ進行しました。例えば銀行のオンラインなどには、膨大な資金がつぎ込まれていきます。一九八〇年代の後半からはパーソナルコンピュータが次第に普及し始め、今は、インターネットとかEメールの普及が、一気に加速しております。

しかし、アメリカと日本とを比べて見て強く感じることは、日本の若い世代には、情報化を通して、どんな社会をつくるのかという理想の提起が、極めて乏しいということです。日本の場合は、アメリカに対して、情報化をいかにして遅れることなく進めていくかという、競争意識が強い。そして、いかにして、この新しい産業転換のときにチャンスを見つけ、新しい企業を起こしていくか、という「産業の視点」が圧倒的に先に立っております。

そういう「産業の視点」のみで展開されてきた日本の情報化は、着実に社会を変えております。

育《はぐく》まれなくなった「感情」

そうした情報社会の中で、次第に人間の感情が希薄になっていっているのが現実です。感情というのは、非常に多義的な言葉で、曖昧《あいまい》に使われているけれども、ここで、少しだけ定義しておきます。

感情というものには、まず「感覚」というレベルがあります。英語で言うと「フィーリング」です。定義しますと、そのときに外界に接したときの身体の主観的な感じを「感覚」という形で呼ぶわけです。そして「感覚」の持続した形が「気分」です。それから外から観察することが可能な身体上のあるいは生理的な変化を、「情動」という言葉で私たちは表わします。例えば怒ったときは目玉がぱっちりして、口がからからしてくるとか、体が震えるとか、そういったものが「情動」です。

「感情」という言葉は、これらを全部含めて言うときに使われますが、私がここで言っている「感情の希薄さ」というのは、今そこで感じたことを、自分の過去の体験などに照らし合わせながら、もう一度、精神的な回路を通して表現していったもの、という意味で言っているのです。感情というのは、単に、その瞬間に感じ取るのではなくて、過去の人間関係のなかで、あるいは過去の自己の体験の様式と対話しながら感じ取っていくものであろうと思うからです。

しかし、こういった感情は、情報化の中で次第に希薄化しているのです。人間の感情は、自分が怒ったり悲しんだりしたものを少し表現して、あるいは相手の人が今、どんな気持ちでいるかということを想像して、それを言葉など、何らかの形で表現する。それが相手とつながり合ったときに、この人の中に入れたな、とか、あるいは自分の感情が意味のある形で相手に伝わったのかな、とか、そのように体験していくことができます。

そして、人は自分の感情を相手に伝えたり、相手を想像したりする中で、その人の中に入りすぎたりして、もうあんまり入ってこないでくれと拒否されて、人間関係を難しく思い、自分の中に閉じこもってしまう。そして閉じこもっているうちに、それでは寂しくなって、もう一度、人に近づく。近づいたり離れたりしていく中で、自分自身の感情を自覚する力もでき、相手に伝えることもでき、そして、相手に対する共感も高まっていくのです。

これが情報社会の中にあっては、子供のときから育めない方向に動いていきます。少子化の中で両親の目がよく届き、押しつけはなくなった代わりに選択肢《せんたくし》で物事を問われ、そして、いかにして効率よく目的に達するかということが、小さいときから常に問われる環境にあります。その中では、生きていくということは、「情報を集め、うまく処理していく」ことだという方向に展開されます。ですから、先ほど述べたような意味での「感情」を育てていくような人間関係は、希薄になっていくわけです。

私がどういった点に、感情の希薄化というものを感じるか。例えば、どう感じたかということを問うときに、それに答えない人が非常に多いのです。どう感じたかを答えずに状況の説明をする。そうしたタイプの人たちが、非常に増えております。また途中のプロセスを面倒臭がり、とにかく結論を求める志向の人が増えていると思います。

さらに、何らかのつらい感情とか、あるいは葛藤的な状態を、言葉に表すよりも、すぐ行動で表す人たちが増えてきている。それは、例えば現代の若者が使う、「傷つく」とか「キレる」といった表現に、よく表れているわけです。

精神的外傷を見つめない代償

さて、前半の話と後半の話が、どうつながるのかを考えていただきたいのです。

私たちの社会は、いわば、そういった「感情の豊かさ」ということに非常に鈍感なまま、戦後の歩みを始めてきたということです。自分たちの社会全体が負った精神的な外傷をきちんと見つめようとせずに、それを行動化によって乗り越えようとしてきたのです。

私たちの社会は、行動化の面だけで突き進み、経済の活動に重点を置く方向に動いていきました。そういう社会が情報化を迎えたとき、情報化そのものに踊らされて、効率の方向へと進んでいく。その結果として、大きな問題を生み続ける社会をつくっているのではないかと思います。

少し前の、神戸での少年事件での、次のようなエピソードは象徴的です。

あの事件が起こった中学校の校長が、卒業式の後、大阪のストリップ劇場に行ったことがマスコミに報じられたのですが、その校長が、去年の『文藝春秋』に弁明を書いておりました。その弁明には、私も唖然としました。

子供たちと先生は、あの事件の直後、話し合いをしなければいけないという意見もあったが、そんなことをしたら、うまくまとめられる先生は誰もいないという話になり、結局、一切何もしないように上から命令されたのです。一切触れないように指示されたわけです。そして、問題のある人はスクールカウンセラーのところへ行け、という対応がなされたのです。

これが子供の目から見たら、いかにひどいことか。大人の社会というのは、知識を伝達する人と、それから、何か問題があったときにその当事者の感情を処理する人との分離がなされているのです。そのような人間の支配する社会に、誰が生きたいと思うでしょうか。そして、一貫して木で鼻を括《くく》ったようなことをやってきた校長は、最後の卒業式に、犯罪を犯した少年に卒業証書を形式的に出したのです。

そして、かつてだったら学校の先生は、卒業式の後、一緒に飲んだりしたけれども、最近の先生は、すぐに車で帰ってしまう。寂しいから、つい、そういうところに行った、というふうに書いてあります。

つまり、この人は、文部省教育委員会と学校のラインに過剰適応して、子供たちを管理し、学校を管理するということにだけ適応しようとしていたわけです。

そのなかで、人間として子供と触れ合うことも、先生と触れ合うことも制限していった。その揚げ句、自分の心の寂しさを、そういうところに行くことで紛《まぎ》らわしているわけです。

その文章には、「自分は孤独である」とか、「癒《いや》し」とか「心」とか、「優しい」といった言葉が散りばめられています。いかに安っぽい言葉かということが、よく分かります。

これも、人間が、管理システムに適応しようとする社会をつくることによって、感情の貧しさをとめどなく進行させている現状を、よく物語っていると思います。
このような状況の中で、私たちには、どのようなものが欠けているのかを、もう一度、見つめてみる必要があると思います。

現実を直視しつつ

皆さんのような若い世代の人たちは、現実を直視しなければいけない。その上ではじめて、欠けているものについて、いくらでもチャレンジすることができるのです。

その方向というのは、まず、一つの市民社会の豊かさというのは、経済活動に特化されたものではないということです。人生の中で二度三度と、いろいろな職業生活を体験できるような、そういったサービスのシステムをつくっている社会というのは、豊かな社会であり、経済面においても豊かであると言えるでしょう。

政治面でも、自分の分からないところで多くの意思決定がなされている社会よりも、自分の生き方がかかわる分野について、自分も参加しているという実感がもてるような政治システムをつくっていく必要があります。

また、人類がつくってきた、いろいろな文化を身近なものとして楽しめる社会をつくっていくということも必要です。そして、人間同士の関係が豊かに保たれるという面も必要です。

そういう意味では、この戦後の半世紀において、いわゆる戦争世代といわれる人たちは、戦争で傷ついた問題、取り組まなければいけない問題を、あまりに貧しい精神性のゆえに、これまで排除してきたのです。そして、その後の団塊の世代も、大学闘争があった後、こういった上の世代にたたかれて、今度は会社人間になり、会社に適応することにのみ必死になってきたのです。

取りこぼした問題は、非常に多くあります。ですから皆さんには、そうした社会の中で、今からしないといけない問題、取り組める多くの問題がまだまだあると言えます。その意味では、可能性のある社会です。これまでの問題をきちんと直視して、皆さん一人一人が、自らの領域の中でできる課題に取り組んでいっていただきたいと思います。

（文責編集部）

●連続講座Ⅲ―③

戦争と女性

西野瑠美子

西野瑠美子（にしの・るみこ）
ルポライター。「戦争と女性への暴力」日本ネットワーク副代表。日本の戦争責任資料センター幹事・研究員。信州大学卒。著書『なぜ従軍慰安婦を記憶にきざむのか』『薬害エイズを生きる』『エルクラノはなぜ殺されたのか―日系ブラジル人少年・集団リンチ殺人事件―』等。

歴史を旅する平和の船

私は年に五、六回、アジアを中心に海外に出かけます。十日ほど前、私は東シナ海の海の上にいました。晴海埠頭《はるみふとう》から九十日をかけて地球を南回りで一周するピースボートのクルーズに、水先案内人の一人として乗船していたのです。

一九八二年、教科書検定で、第二次世界大戦における日本のアジア「侵略」を「進出」に書きかえるよう、文部省が指導したことに端を発し、教科書記述を巡る議論がわき上がりました。そのときに若い方たちが、大人たちはただ〝侵略だ〟〝進出だ〟と議論しているけれども、事実は一体どうだったのか、自分たちには分からない。だから直接、アジアの人々に当時の話を聞き、自分たちの目と耳で確かめようということで生まれたのが、ピースボートでした。一九八三年、第一回の平和の船が出航して以来、今回で二十七回になります。

気づかない〝刃〟

今回のクルーズで、私は第一の寄港地である台湾の歴史を話すために、船に乗り込みました。台湾に着いたときにオプショナルツアーがありました。私が案内したのは日本の台湾統治時代の現実を知るというコースで、「慰安婦」にされた女性たちを訪ねました。このオプショナルツアーの中に戦争体験者がいらしたんですね。その方が、「慰安婦」だった女性に対して（これは悪気があったのではないと私は信じているのですが）、〝あなたたちは、なぜ声を上げるのか。お金が欲しいのか。正直なところを聞かせてくれないか〟と質問したのです。

私は、その問いが、どれほどの刃（やいば）を持っているのか、その方は気がついているのだろうかと、心が痛くなりました。「慰安婦」問題がなぜ重大な人権侵害として、日本、アジアだけではなく、世界で問われているかということを、そして、事実認識を、日本社会の中にもっと広げていかなければいけないと、つくづく感じたものです。

戦後補償に立ちはだかる「国家無答責」

「慰安婦」裁判はこれまで韓国、フィリピン、中国、オランダ、在日韓国人など、八件が提訴され、争われています。関釜裁判や宗神道さんの裁判、フィリピン裁判は既に判決が下されましたが、原告の主張が十分に認められるものではなく、現在も控訴審で争われています。

原告の請求が棄却された理由には国際法に関して言うと、個人と直接国際法上の権利主体性、請求権が付与されたとはいえないなど、個人請求権の否定や、民法709条に基づく請求権については、「国家無答責」の原理が妥当であるとして否定。たとえ国家が不法行為を行ったとしても国家は責任を負わなくてもいいというのが旧帝国憲法ですから、そのもとにあった当時の行為に対して、国家が責任を負う必要はない。国家賠償法というのは戦後にできた法律であって、国が戦前の責任を負う必要はない、というわけです。

控訴してはいますけれども、司法において、人権回復に立ちはだかる壁は厚く、容易に越えられないのが現実です。

台湾のケース

台湾の「慰安婦」被害女性が提訴したのは、昨年の七月のことです。提訴した九人のうち半数は、原住民族の女性です。日本の植民地統治の時代は、「高砂族《たかさご》」と呼ばれていました。

台湾は、朝鮮の植民地支配より十五年も早い一八九五年から半世紀にわたり、日本の植民地統治下にありました。ですから、最初のころは、日本の支配に抵抗する抗日蜂起《ほうき》が盛んで、一九三〇年の霧社事件はよく知られているところです。その後、第二次霧社事件では同族に蜂起側を襲撃させるなど、数々の惨劇が起きました。その後、台湾総督《そうとく》府は台湾の人々に徹底した皇民化教育を進めていったのです。

山の中に住んでいる先住民族である原住民の人たちにも、警察が各所に派出所をつくり、警官が教師として、子供たちに日本語を徹底して教えました。その傍《かたわ》ら、人々の動静を監視する役割も担っていましたから、台湾統治における警察の権力支配は、大変に強かったわけです

そうした中で、部隊の手伝いをしてほしい、兵隊の身の回りの世話を手伝ってほしいと派出所に呼ばれ、「慰安婦」にされていった原住民女性もたくさんいたのです。

実名を出せない事情

裁判の中で、彼女たちの半数は実名を出していません。「A」「B」「C」「D」「E」で

裁判を起こしました。

原住民族はとても貞操観念が強い民族で、当時、夫以外の人と性交渉を持つようなことがあれば、たとえそれが強制だったにしろ、だまされたにしろ、村に住むことができないという厳しい村の習《なら》わしがあったのです。原告Dさんは、「夫以外の男性と性関係をもった女性は、首を落とされることになっており、恐ろしくて家に戻れなかった」と、語っています。今も自分の過去を語れないのは、そうした事情もあるわけですね。

三つの名前を持つ女性

台湾の原住民族にアタイヤル族という民族があります。そのアタイヤル族のアリ・ヨシさんという女性がいらっしゃいます。――〝アリヨシさん〟というと日本名みたいですが、原住民族の固有の名前です。――彼女が、日本にいらした時、こんな話をされました。

日本の植民地時代を生きた台湾の方たちは、三つの名前を持っています。一つは自分の名前。もう一つは日本名。これは、朝鮮などで行われた「創氏改名」とは、少し違います。台湾では、〝日本人になれば日本の名前を許可する〟というように、日本人になることを誇りに思わせるような形で皇民化政策が徹底されたわけです。そして三つめですが、日本軍の植民地統治後、蒋介石の国民党軍が強圧的政治を行いましたが、その下でつけられた「中国名」です。日本の統治時代に「慰安婦」にされた原住民族の女性たちは今度は国民党軍の兵士の「妻」にされたといいます。

アリ・ヨシさんは、〝今、私たちは、ようやく自分の名前で名乗ることができるようになった〟と話されました。

「私自身を取り戻す」戦い

ところが今も、貧困が理由で、原住民族の十代の若い少女たちには、少女売春が押し寄せているというのです。これは、少女の性を買う漢民族の文化があるということも問題ではあるが、過去を振り返ってみると、私たちは原住民として歴史、文化、言語ひとつとしてそれらしい教育を受けていない。私たちは自分の言葉で考えることができない。今、私たちが求めるのは、民主化よりも自分の生存の問題だ。私たち自身を取り戻すことだ——と、アリ・ヨシさんは話されました。

「私自身を取り戻す」とは、「慰安婦」だったおばあさんたちからも聞かれる言葉です。女性たちは、なぜ声を上げたのか。当初は、「名誉の回復」という言葉を使われていました。私もはじめは、その言葉を使っていました。けれども、「名誉の回復」という言葉を使ったことは間違っていたと、最近では考えています。なぜならば、性暴力を受けた、レイプされたということを不名誉ととらえていたこと自体、言いかえれば「名誉の問題」にしていたことが、女性たちを沈黙に追いやっていた要因であったということに気がついたからです。

「沈黙」を強要する発想

小林よしのりさんという漫画家がいますが、彼は雑誌『SAPIO』で連載している漫画の中で、こういうことを言っています。

アジアの女性たちが「慰安婦」だったと声を上げているが、日本の女性だって、満州でソ連軍により、夫や家族の前でレイプされた。この時、身ごもった女性は博多の引き揚げ者収容所で中絶したこともあったらしい。しかしこれらの日本女性は、その後、貝のように堅く口を閉じ、決して語らず胸に秘め、その事実すらなかったかのようにしている。日本の女はすごい。ワシはこのような日本の女を誇りに思う、というのです。

日本の女性も性暴力の被害者だということはその通りです。日本の女性たちの被害もきちんと見ていかなければいけないということは言うまでもありません。

しかし、〝我ら同胞の日本の女性は、どんなに外国の人にレイプされても、貝のように堅く口を閉じて、そんな事実がなかったかのようにしている。そういう女性が偉いんだ、すごいんだ、誇りなんだ〟という発想には、同意できない。

この発想は、最近出てきている、過去の南京虐殺とか、731部隊とか、「慰安婦」問題を子どもたちに教えることは、自国の誇りを傷つける、という発想と同じではないでしょうか。つまり、自分の国のプライド＝名誉を傷つけると思われることについては、隠しておいたほうがいい、という考え方に通底《つうてい》する女性べっ視です。

「イデオロギーの視線」

「黙っているのがいい」という発想は、なぜ出てくるのか。ここには、言うまでもなく女性自身が受けた被害に対する思いやりはありません。つまり、同胞の男性にとって、同胞の女性がレイプされたことは「男の恥」であるというものです。

家父長制度下の〝女性は男性の所有物である〟〝女性の価値は純潔だ〟といった女性観、貞操イデオロギーが、所有物である妻が、あるいは父にとっては娘が、あるいは日本人の男性にとって日本人の女性がレイプされたことは、〝その男にとって〟不名誉なことであり、〝男にとって〟の恥である、という考え方を生んだのです。男のメンツにとって、黙っている女性は素晴らしい、ということでしょう。

この「不名誉」という視線――この視線が、女性たちに社会的なスティグマ（汚名、恥辱）を負わせ、被害を受けたにもかかわらず、まるで犯罪者であるかのように自分の過去を隠させ、沈黙を強いてきたのです。「貞操イデオロギーの視線」こそが、「不名誉」という感覚を生み出し、歴史をいんぺいしてきたのではないかと思います。

連鎖する悲劇

韓国も儒教思想の影響が強く、「慰安婦」被害女性の多くは、貞操を失った自分は結婚する価値はないと考えていました。女性たちは自分が「慰安婦」だったという過去を知られることを恐れて、社会的な交流を避け、他人と深いかかわりを持たなかった。知られてしまって、その村から逃げて違う村へ行ったという女性も少くありません。

中国の山西省に住んでいる「慰安婦」被害の中国人女性も強いスティグマを受けていました。

彼女たちは抗日八路軍、つまり日本軍に厳しく抵抗した抗日根拠地の村の女性たちでした。日本は抗日拠点を壊滅、せん滅する作戦の中で、村を襲い、女性たちを連れ出して駐屯地《ちゅうとんち》へ連れていき、そして女性を監禁してレイプしたのです。

体をぼろぼろにされた女性たちが、半死半生の状態で村に帰されたとき、彼女たちを待ち受けていたのは、——これは全員ではないのですが、——まさに追い打ちをかけるような仕打ちでした。おまえのような日本軍の女を、嫁にしておくわけにはいかないと夫の父親から拒絶された女性、日本軍の女になった女性は許せないということで、親戚《しんせき》がその女性の両親や兄弟を殺してしまったという惨劇。あるいは、女性自身が追いつめられて自殺してしまったという悲劇……そうしたことが起きたわけです。

たとえ強制であろうが、拉致《らち》だろうが、誘拐《ゆうかい》だろうが、それが被害であっても、性暴力の問題に関しては、さらに被害者に攻撃が向かっていく。ここには、現代におけるレイプの問題にも通じる側面があると思います。

死ぬまで消えないトラウマ

例えば侯巧蓮さんという方ですが、私が弁護士と一緒に山西省の彼女の自宅を訪れた二日前に、侯さんは、亡くなられていました。私は、ご自宅で侯さんのお子さんたちに侯さんの戦後の様子を聞きました。

お子さんたちは、お母さんは、寝ていて突然、目を覚まして叫び出したり、大きな声を出したり、突然「ワーッ」と叫んで表に飛び出してしまったりすることがあった。人の声や足音が聞こえると布団《ふとん》に隠れてしまったり、たくさんの人が集まると、小便とか大便を漏らしてしまうことも。時には急に歌い出したり、踊り出したり、ひどいときには突然、人にかみついたりした。ふだんは、とても優しくて温厚なお母さんだけれども、何かあると突然、人が変わったようになってしまう。自分たちは、いつ、お母さんが変わるかと、とても怖《こわ》かったというのです。

レイプの被害にあった女性たちは、当時、十代です。PTSDには児童に対する性虐待の特徴が、明確に出ています。十代に受けたひどい体験がトラウマとなり、人生の大半を支配し、女性たちは激しいPTSDを抱えて生きてきたのです。

恨を晴らし、正義を実現する

韓国の女性は、名乗り出て正義を求めるのは「恨《ハン》を晴らすためだ」と言われます。この

「恨」というのは、「復讐《ふくしゅう》」ではありません。「うらみ」という感情とも違います。

自分が悪くもないのに、あたかも犯罪者のようにして身を隠し、過去を隠して生きてきた。だれに、この苦しみをぶつけたらいいのかも分からない。だれに訴えたらいいのかも分からない。悶々《もんもん》とした苦しい思いに出口はない。袋小路の中で、苦しんできた。「恨」とは、そうした悶々とした状態をいうのです。そういう中で、女性たちは声を上げたわけですね。

「恨を晴らす」とは自分は悪い人間でもないし、人間として失格なわけでもない、恥ずかしい女でも、汚れた女でもない。暴力犯罪の被害者ということを歴史的に明らかにすることであり、人間の尊厳を取り戻す営みそのものです。言いかえれば、正義の実現ということです。これは、日本政府が法的に責任を認めて女性たちに補償することですが、もちろん、事実認識は不可欠な要素です。

日本社会には〝お金が欲しいのだろう〟という女性への攻撃が見られますが、なぜ女性たちが人生の最後のときになって、あえて声を上げたのか、事実を知った時、私たちは何をすべきか、私たちに問われているものは何か。この問題に向き合うことを、日本人として避けてはならないと思うわけですね。

知ろうとしない暴力

インドネシアで早くに声を上げたマルディエムさんという女性がいます。彼女は、日本にいらっしゃって、話をされたこともあります。

彼女は二回も強盗に入られたといいます。日本に行って、お金をたくさんもらってきたのだろう、というのが、強盗に入られた理由なのです。それだけではなく、〝あの女は日本軍の女だった〟と陰口をたたかれるという事態も起こりました。彼女はお総菜《そうざい》をつくり、それを売る仕事をしていたのですが、日本軍の女がつくったものなんか食べられるか、ということで、だれも買ってくれなくなったと。

インドネシアの社会は、政治的事情もあり、「慰安婦」問題の教育を十分に普及させるには至っていません。そうした中で女性たちに、スティグマが向かい、被害者の、さらなる被害者化ということが起こっているわけです。

女性たちの人権を復活するのは日本であって、日本にしかできない。日本がやらなければならない。日本の私たちがやらずにあなたたちの国で自分たちでやりなさい、というわけにはいかないわけです。

現在も変わらぬ構造

「慰安婦」問題は昔の問題であり、問われているのは過去だ、ということではありません。それは、現在の問題でもあるのです。

戦争・武力紛争のもとで行われる女性に対する性暴力は、第二次世界大戦が終わってからも、絶えることなく繰り広げられ、続けられてきました。

昨今を見ても、旧ユーゴ、ルワンダ、コソボ、東ティモール、インドネシア、インド・カシミール、アルジェリア、ウガンダ、アフガニスタン……とさまざまな国で、性暴力が起こっています。今現在、私たちがこうして暮らしている間にも、世界では三十を超す武力紛争、戦争が起こっていますが、そこでは性暴力が戦術として、戦略として、武器として使われています。

「西村発言」の歪み

記憶に新しいところでは、旧ユーゴの民族浄化の問題があります。昨年、防衛庁政務次官の西村慎吾さんが辞職に追いやられましたが、ここで彼は、民族浄化に関する発言をしたことは、皆さんも覚えていらっしゃるでしょう。

彼はその発言の中で集団的自衛権は、強姦されている女を男が助けるという原理だ。同じように言えば、征服とは、その国の男を排除し、征服した国の女を強姦し、自分の子供を生ませるということ。逆に国防とは、我々の愛すべき大和撫子《やまとなでしこ》が他国の男に強姦されることを防ぐことだ、ということを言っています。これが、彼の戦争論であり、防衛論なわけです。

敵対する側の女性を強姦し、自分の子供を生ませるということを、今の国際社会は、重大な人権侵害として否定しています。そして、ボスニア・ヘルツェゴビナの内戦で行われた、民族浄化という名の下でのレイプや強制妊娠に対して、戦争犯罪法廷で犯罪として裁くということが実現してきている。つまり、これが今の、国際的な人権感覚の潮流です。

「民族浄化」の現実

旧ユーゴで行われた民族浄化は、大セルビアという清浄な民族国家をつくるため、領土からイスラム教徒を一掃しようとするプロセスの中で行われました。

収容所に入れられていたムスリムの女性たちを、妊娠するまでレイプをしたといいます。

妊娠すると、今度は中絶できなくなるまで監禁し、赤ちゃんが生まれる時期に放置したのです。セルビア人の兵士にしてみると、セルビア人の子供を産むということが民族浄化だという発想です。ある女性は、生まれた子供を殺してしまったり、捨ててしまったり、捨てることも殺すこともできなくても、でも愛することもできなくて苦しんでいる女性もいる。今、その子たちは、日々、大きくなっているわけです。

ここでは推定二十万人がレイプされたといいますが、こうした強制妊娠の被害者は、分かっているだけでも三万五千人もいるのです。

変わらない心理、変わらない構造

コソボでも、やはり同じように、女性に対するレイプが報告されています。トラックとか、トラクターとか、難民を乗せた車から、黒マスクのセルビア兵が女性たちを降ろして連れていき、銃を突きつけてレイプした等、さまざまなケースが伝えられています。

ある二十二歳の女性は、四カ月前に結婚したばかりだったのですけれども、セルビア軍により警察で拷問《ごうもん》された。家に帰された時、妻は夫に対して、レイプされたことをかたくなに否定しました。それについて夫は米紙のインタビューでこう話しています。

〝妻はかたくなに、自分がレイプされたことを否定する。しかし、僕は妻がレイプされたと百％確信している。もし妻がレイプを認めたら、たとえ僕たちの間に子供が二十人いたとしても、僕は離婚を申し込む。妻が悪いわけではないけれども、もう気持ちは冷めていて、将来、子供をつくる気なんかない〟

つまり、どんなに女性が性暴力犯罪の被害者であっても、被害者に対する男性の視線、態度は攻撃的になるのです。今現在も、五十年前の「慰安婦」問題も、被害者の被害者化、セカンドレイプの体質は変わっていません。

被害者を守る法的基準を

昨年、国連人権小委員会の特別報告者であったマクドゥーガルさんが、『武力紛争下の組織的強姦、性奴隷《どれい》制および奴隷制類似《るいじ》行為に関する最終報告書』という素晴らしい報告書を提出されました。付属文書は「第二次大戦中設置された慰安所に関する日本政府の法的責任の分析」として、日本軍の「慰安婦」問題の解釈についての勧告も含まれていました。

ここでマクドゥーガルさんは、「名誉」のことを指摘されています。例えば、今のフィリピンとか中国の「慰安婦」裁判でも、ハーグ条約という国際法で争っていますが、ハーグ条約第四六条——これは陸戦の法規慣例に関する条約という国際法ですけれども、よく考えれば、この国際法自体が男性的な視点で作られたものです。つまりジェンダーの視点がないといえるんですね。

なぜならば、女性がレイプされ、女性が性暴力を受けるということは、家族の名誉と権利を侵害する行為だという視点に立っているからです。女性自身の被害の認定ではない。このことに対して、マクドゥーガルさんは、国際法にもこうした男性的な視点があるのだということを指摘しつつ、「強姦を暴力行為ではなく名誉の侵害とする考え方は、この犯罪の暴力的本質を曖昧《あいまい》にしてしまう」と言っています。問題の焦点が、加害者が犯し、侮《ぶ》辱《じょく》し、傷つけようとした意図から、被害者が辱《はずかし》めを受けたほうへと不適切にずらされてしまう。つまり、強姦というものを名誉の侵害として考えていくとすると、それは犯罪被害者としての視点がぼやけてしまい、「恥」の意識が強調されかねないということでしょう。性暴力を明確に「戦争犯罪」と位置づけていくべきだというスタンスが必要ですね。

他者の人権擁護は自分を守ることになる

被害者がさらに被害者になっていく、被害者であるにもかかわらず攻撃され続ける、という構造は、戦時における性暴力に限らず、日本人の在日外国人に対する視線（エルクラノ事件）や、薬害エイズ事件にみられる被害者への対応などにも、残念ながら容易に見いだすことができます。このようなあり方に対して、私たちはどういう時代をつくっていきたいのか、どういう日本をつくっていきたいのか、どういう社会をつくっていきたいのかを考えていかねばなりません。

人権が尊重される社会の実現とは、他者がつくってくれるのを待つのではなく、私たち一人一人がつくっていくしかない。〝人権が尊重されることなき平和〟などあり得ません。武力による平和解決もありはしない。〝人権がきちんと保障される社会こそが平和である〟とするならば、その人権が保障される時代をつくっていくのは私たち自身であり、それは自分たちの生活の中、身の回り、自分たちのかかわっている生き方の中にあるのでしょう。

自分の人権を大事にできる人は、他者の人権も大事にできるのではないでしょうか。自分を大事にするということが、他者の人権も尊重し、平和を築いていくことではないかと思います。

21世紀《せいき》の日本《にほん》と宗教《しゅうきょう》

2000年6月23日　初版第1刷発行

編者©　第三文明社《だいさんぶんめいしゃ》
発行者　松岡佑吉
発行所　株式会社　第三文明社
東京都新宿区本塩町11-1　郵便番号160-0003
電話番号　営業代表 03(5269)7145 編集代表 03(5269)7154
振替口座　00150-3-117823
URL　http://www.daisanbunmei.co.jp
印刷・製本　図書印刷株式会社

落丁・乱丁本はお取り替え致します。　ISBN4-476-06165-6

2000 Printed in Japan

レグルス文庫／既刊

大乗仏教の思想　上田義文
法華玄義(上)(中)(下)　菅野博史訳・注

＊

精神のエネルギー　ベルクソン　宇波彰／訳
中原中也詩集　吉田凞生／編
告白的女性論　北原武夫
源氏物語の女性たち　相馬大
高群逸枝　西川祐子
ルオー　高田博厚　森有正
小泉八雲の日本　池田雅之
詩集　草の葉　W・ホイットマン　富田砕花訳
彷徨えるユダヤ人　石上玄一郎
若き日の読書　池田大作
スカラムーシュ　R・サバチニ　加島祥造訳
バクトリア王国の興亡　前田耕作

仏典動物記(上)(下)　第三文明社編集部／編
深層心理の世界　織田尚生
トルストイの生涯　藤沼貴
ギタンジャリ　R・タゴール　森本達雄訳
ガンディーとタゴール　森本達雄
自我と無意識　C・G・ユング　松代・渡辺訳
人間の宗教　R・タゴール　森本達雄訳
仏教と精神分析　三枝充悳　岸田秀
大乗仏教入門　平川彰
聖と俗のインド　山折哲雄
生命論パラダイムの時代　日本総合研究所編
外国文学の楽しみ　辻邦生
ヒューマニズムとは何か　石神豊